프랑스어

작문(하)

저자 구기헌 · 이병욱

"프랑스어를 학습하고 있거나 학습하려는 사람이 프랑스어로 의사표현 할 수 있는 방법을 터득할 수 있는 하나의 길라잡이로서 이 책을 꾸며 보았다."

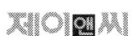

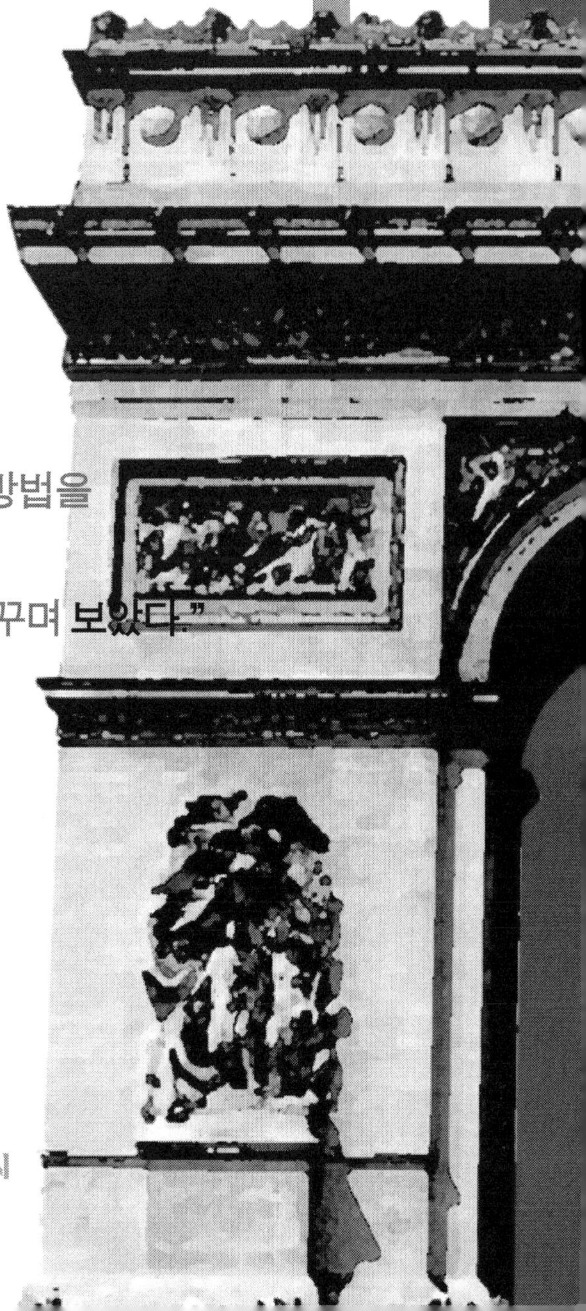

제이앤씨

머·리·말

자신의 모국어가 아닌 어떤 특정의 외국어로서 의사소통을 할 수 있다는 것은 그 언어를 모국어로 사용하는 사람의 말을 이해하고, 자신이 그 언어로 자신의 의사를 표시할 능력이 있다는 것을 의미한다는 것은 모두 다 알고 있는 사실이다. 그런데 실제 우리나라의 외국어 교육에 있어서, 외국어의 이해에 중점을 준 나머지 의사 표시 능력의 경우에서는 간단한 질문, 답변 정도의 연습에 그치는 경우가 많다. 프랑스어의 경우에서도 그런 현상을 볼 수 있다.

프랑스어를 학습하고 있거나 학습하려는 사람이 프랑스어로 의사 표현할 수 있는 방법을 터득할 수 있는 하나의 길라잡이로서 이 책을 꾸며 보았다. 표현법을 테마나 상황별로 열거하여 무작정 암기하는 방법을 권장하는 듯한 형태의 책이 아니라 프랑스어의 문장 구조와 한국어를 비교하여 그 차이점을 학습자 스스로 느끼면서 단계적으로 점점 복잡한 구조의 프랑스어에 접근할 수 있도록 하였다.

프랑스어를 어느 정도 배운 사람은 이 책으로 자신의 표현 능력을 키울 수 있을 것이다. 프랑스어에 입문하는 사람은 학습 교재에서 배우고 난 뒤 곧 바로 이와 연관시켜 학습하는 데 이 책을 사용할 수 있을 것이다. 아무쪼록 이 책이 프랑스어로 자신의 의사를 표현하는 방법을 습득하는데 많은 도움이 되었으면 한다.

저 자

목·차

제 1 부

시제와 서법   제 1 장. 반과거와 복합과거 ················· 5

                제 2 장. 상대시제 ······························· 24

                제 3 장. 조건법 ·································· 31

                제 4 장. 접속법 ·································· 42

제 2 부

집중 연구   제 1 장. 장소의 표현 ························· 57

                제 2 장. 시간의 표현 ························· 74

                제 3 장. 신체기관 명사 구문 ·············· 91

                제 4 장. 비슷한 의미 동사 ················ 101

제 1 부 시제와 서법

제 1 부 시제와 서법

◉ 제 1 장. 반과거와 복합과거 ◉

1 반과거 용법

1. 지속

   1) 과거의 한 시점에서 보아, 완결되지 않고 지속된 행위를 말할 때:

      Ils chantaient pendant que les filles bavardaient.
      여자아이들이 떠들고 있는 동안 그들은 노래하고 있었다.

   2) 기간이 명시된 지속된 행동은 복합과거를 써야 함:

      (1) 기간의 명시

         Ils ont bu toute la nuit. 그들은 밤새 술을 마셨다.

      (2) 끝난 시점만 명시

         J'ai vécu à Paris jusqu'en mai 1974.
         나는 1974년 5월 까지 빠리에서 살았다.

2. 반복 또는 습관

   1) 기간이 명시되지 않고, 시점의 표시가 현재로부터 약간 먼 과거에서의 반복 또는 습관을 말할 때:

      Autrefois, je regardais la télévision tous les jours.
      옛날, 나는 매일 TV를 보곤 했다.

   2) 기간이 명시된 경우는, 복합과거를 쓴다:

      Pendant deux ans, j'ai regardé la télévision tous les jours.
      2년 동안, 나는 TV를 매일 보곤 했다.

3. 묘사

   행동에 수반되는 상황, 또는 현재 시점으로 보아 더 이상 존재하지 않는 상태의 묘사:

Il faisait beau.
날씨가 좋았다.
Il portait une chemise blanche.
그는 흰 셔츠를 입고 있었다.
Le Louvre était le palais des rois de France.
루브르는 프랑스 왕들의 궁전이었다.

4. 아주 가까운 미래와, 과거의 표현
몇몇 왕래 발착의 동사와 함께, 근접 미래, 근접과거의 반과거형으로 "방금, …하려는 중이었다"와 "방금…했다"를 표현.

1) 근접 미래 (aller + 부정사) 또는 진행의 동사구
 (être en train de + 부정사)의 반과거형
   Il allait partir quand le téléphone a sonné.
   그가 막 나서려는데, 전화가 울렸다.

2) 근접과거의 반과거형
   Elle venait de quitter la pièce quand le téléphone a sonné.
   그녀가 방을 나가버리고 난 뒤에 곧 바로 전화가 울렸다.

3) 반과거형만으로 표시
1)의 뜻과 2)의 뜻을 동시에 가질 수 있다. 그것의 판단은 상황에 따른다:
   Il arrivait quand tu as téléphoné. 는
   Il allait 〔était sur le point d'〕 arriver quand tu as téléphoné와
   Il venait d'arriver quand tu as téléphoné. 의
   두 가지 해석이 모두 다 가능하다.

2 양태동사의 특이성

1. pouvoir
  1) 반과거: 가능성, 능력의 보유 상태의 서술
      (→ 행동이 취해지지 않았음)

Ils pouvaient traverser la rivière à la nage. Mais ils ne sont pas partis ce jour-là.

그들은 헤엄쳐 강을 건널 능력이 있었다. 그러나, 그들은 그날, 출발하지 않았다.

 2) 복합과거 : 행동의 성공적 이행

  Ce jour-là, ils ont pu traverser la rivière à la nage.

  그날, 그들은 헤엄쳐 강을 건너는 일을 해냈다.

2. savoir

 1) 반과거 : 인지하고 있던 상태

    (→ 알고 있었다, 영어로는 knew)

  Je savais la réponse.

  나는 답을 알고 있었다.

 2) 복합과거 : 인지하게 되는 상태에의 돌입→ 알았다,

     알게 되었다, 알아내었다, 영어로는 found out

  J'ai su la réponse.

  나는 답을 알아냈다.

3. vouloir

 1) 반과거 : 욕구가 있는 것의 상태 묘사

    (→ 하고 싶었다, 영어로는 wanted)

  Elle voulait rester deux semaines.

  그녀는 2주, 체류하고 싶었다.

 2) 복합과거 : 욕구에서 행동에의 돌입

    (→ 하려고 했다, 영어로는 tried)

  Elle a voulu rester deux semaines.

  그녀는 2주간, 체류하려 했다.

3 quand 접속사로 이어지는 두 사건

한 문장에서 두 사건을 quand 절로 연결할 때: (quand절이 문두로 나와도 상관없음)

1. 반과거 (사건 1) + quand + 복합과거 (사건 2)

   사건 1의 진행 중에 사건 2 가 발생하여 사건1의 진행이 중단된 상태를 표현

   Je marchais tranquillement dans la rue quand un coup de feu a éclaté.
   총소리가 났을 때, 나는 느긋하게 길을 걸어가고 있었다.
   (내가 느긋이 길을 걸어가고 있는데, 총소리가 났다.)

2. 복합과거 (사건 1) + quand + 복합과거 (사건 2)

   사건 1의 발생이 사건 2의 결과로 여겨지는 사건

   Il est sorti quand je suis entré.
   내가 들어가자, 그는 나가 버렸다.

3. 반과거 (사건 1)+ quand + 반과거 (사건 2)

   사건의 연속, 또는 반복, 습관.

   Quand il venait me voir, je débouchais une bouteille de champagne.
   그가 놀러 오면, 나는 샴페인 한 병을 따곤 했었다.

   Quand j'avais un peu d'argent, je faisais une grande fête avec tous mes amis.
   내가 돈이 약간 있을 때는, 나는 친구 모두를 불러 큰 파티를 열었었다.

4. 복합과거 + quand + 반과거

   이 경우, quand으로 시작되는 절은 동사 사용에 제약이 있다. 대개, être 동사, avoir.... ans (몇 살 때에), 날씨의 표현들만이 quand절에 온다.

   Pourquoi vous êtes-vous enfuie de chez vous quand vous aviez quatorze ans?
   열 세 살 때, 왜 집을 뛰쳐나왔습니까?

   J'ai sauté par la fenêtre quand il faisait jour.
   날이 밝으려 할 때, 나는 창문을 뛰어 넘었다.

4 상태 동사 être와 avoir의 반과거·복합과거 비교

반과거는 한 시점에서의 상태를 나타내고, 복합과거는 그 시점에서의 상태의 변화를 가리킨다:

Il était triste quand elle lui a téléphoné.
그녀의 전화가 왔을 때, 그는 마음이 울적했었다.
Il a été triste quand elle lui a téléphoné.
그녀의 전화를 받고 나자, 그는 마음이 울적해졌다.

Elle avait peur quand le voleur est entré dans la maison.
도둑이 집에 들어 왔을 때, 그녀는 겁이 나 있는 상태였다.
Elle a eu peur quand le voleur est entré dans la maison.
도둑이 집에 들어오자 그녀는 겁이 났다.

Il avait 20 ans quand la guerre a commencé.
전쟁이 발발했을 때, 그는 20세였다.
Il a eu 20 ans le 15 décembre.
그는 12월 15일에 20세가 되었다.

5 반과거로 사용된 굳어진 표현

- Il était temps.
  하마 트면 큰일 날 뻔했다.
    (cf. J'ai failli tomber. 넘어질 뻔했다.)
- Il ne fallait pas.
  뭘 이렇게 까지. (선물 등 호의를 받았을 때, 겸양의 표현)
  구어에서는 "(il) fallait pas."의 형태로 많이 쓴다.
    ▷ Tenez, c'est pour vous.
      자, 이것 받으세요. (선물을 주면서)
    ▶ Mais, il ne fallait pas.
      이렇게 하지 마셔야 하는데요.

▷ Ce n'est pas grand-chose.
　별 것 아닙니다.

· Je m'en doutais; Je m'y attendais.
　그럴 줄 알았어요.

· Il était une fois ...
　옛날에 ...가 있었다. (동화, 옛이야기 등에서 시작하는 문귀)

연습문제 A

I. Fernand Bercot 의 아래 이야기를 줄친 부분에 부정사형으로 주어진 동사를 문맥에 맞게 복합과거, 반과거형으로 만들어 아래 이야기를 완성하시오

Fernand Bercot *voulait* (vouloir) travailler à Paris. Donc, il 1. quitter son petit village dans la Gironde et il 2. prendre le train pour Paris. Il 3. arriver dans la capitale il y a trois ans. Il n' 4. avoir même pas une chambre et il n'y 5. connaître personne. Mais dans une semaine il 6. trouver un poste de garçon de café. Il 7. falloir travailler beaucoup, mais il 8. recevoir pas mal de pourboires. Il 9. vivre dans une chambre d'hôtel très modeste pour faire des économies. Après un an et demi il 10. renoncer à son travail. Il 11. inviter son frère Joseph à le rejoindre à Paris. Fernand 12. remettre assez d'argent de côté pour monter un café. Son frère et lui 13. ouvrir un petit bistrot dans le quinzième arrondissement. Ils 14. être ouvriers, mais ils 15. devenir propriétaires d'un café.

II. 다음 두 이야기를 과거형으로 다시 쓰시오

1.

C'est le sept juillet. Il est quatre heures de l'après-midi. Il fait très chaud. Je fais des courses. Pendant que je me promène le long du boulevard, je rencontre mon amie. Nous décidons d'aller chez le bijoutier. Pendant que nous regardons les bracelets et les colliers, un homme entre dans le magasin. Il a à peu près 25 ans. Il a les cheveux noirs. Il porte un pantalon noir, une chemise verte et un masque au visage. Il tire un revolver et il demande de l'argent au caissier. Le caissier a peur et il lui donne de l'argent. Mais heureusement, un autre employé voit le vol et appelle la police. La police arrive et arrête le voleur.

2.

　　　Il est sept heures du matin. Je vais dans les montagnes parce que je veux faire du ski. Il fait froid et il fait du vent mais le soleil brille. Je porte un beau costume de ski. J'arrive au chalet. J'achète mon billet pour les remonte-pentes et je fais la queue pour monter la montagne. Je remarque qu'il y a beaucoup de monde sur les pistes de ski. Je monte. Je descends. Je suis très content(e). Je sais bien faire du ski. Mais malheureusement, à la quatrième descente, je tombe. Je me casse la jambe. On m'emmène à l'hôpital où on met ma jambe dans du plâtre. La journée qui commence bien finit mal.

III. 복합과거, 반과거의 용법 구분에 주의하면서, 다음 우리말을 프랑스어로 표현해 보세요

1. 옛날, 서울(Séoul)은 한성(Hansung)이라고 불렸다.
   (autrefois/s'appeler)

2. 네 말 잘 알아들었다.
   (comprendre/bien)

3. 나는 호주머니를 뒤져보았으나 아무 것도 없었다.
   (fouiller/poches/mais/ne...rien/y avoir)

4. 나는 프랑스에서 오는 고객을 영접하러 공항에 갔다.
   (aller/aéroport/accueillir/client/qui/arriver/France)

5. ▷ 연극, 어떻더냐?
   (alors/la pièce/ce/être/comment)
   ▶ 좋았어.
   (Je/aimer/bien)

6. ▷ 결혼식이 몇 일이었지?
   (mariage)
   ▶ 10일인가, 11일인가. 잊어버렸네
   (oublier)

7. ▷ 리모콘 좀 이리 줘.
   (passer/télécommande)
   ▶ 안 보여.
   (Je/ne...plus/ trouver)
   ▷ 조금 전에, 테이블 위에 있었는데.
   (être/table/tout à l'heure)

8. 계단에서 넘어질 뻔 했어요.
   (Je/faillir/tomber/escalier)

9. 그는 선생을 30년간 했다.
   (être/professeur/pendant 30 ans)

10. 나는 그녀를 9시 넘게 까지 기다렸다.
    (attendre/jusqu'à neuf heures passées)

11. 그는 부인과 사이가 좋지 않아서, 지금, 그들은 별거하고 있다.
    (s'entendre/femme/et/vivre/séparé/à présent)

12. ▷ 휴가 내내 비가 왔어요.
    (pleuvoir/vacances)
    ▶ 운이 참 없었네요.
    (Vous/ne... pas/vraiment/avoir/chance)

13. 올리비에(Olivier) 어디 있어. 얘가 안 보여. 방금 여기에 있었는데.

14. 난, 어제 저녁 아무 것도 안했다. 피곤해서.
　　(ne...rien/faire // être fatigué).

15. ▷ 그것, 언제 알았습니까?
　　(quand/vous/savoir)
　　▶ 어제 저녁이요.

16. ▷ 왜 그랬지?
　　(pourquoi/tu/faire/ça)
　　▶ 못하게 되어 있는 줄 몰랐어요.
　　(ne... pas/savoir/que/ce/être/interdit)

17. 내가 말하려고 했는데, 사람들이 못하게 했어요.
　　(vouloir/parler/mais/on/empêcher)

18. 나는 헌책방에서 내가 구입하고 싶었던 책, 한 권을 찾아내었다.
　　(trouver/marchand/livres d'occasion/volume/que/vouloir/se procurer)

19. 내가 자고 있는데 전화벨이 울렸다.
　　(dormir/quand/téléphone/sonner)

20. 그녀는 산보하다가 보도에서 천 프랑 짜리 지폐를 발견했다.
　　(faire/promenade/quand/elle/découvrir/un billet de mille francs/trottoir)

21. 그는 병원에서 3개월을 보냈다. 그가 입원해 있을 때 그녀는 면회를 가곤 했었지만 이제는 완전히 그를 버리고 돌보지 않는다.
(passer/hôpital//quand/être/hôpital/aller/voir/mais/maintenant/complètement/délaisser)

22. 선생이 들어오자 학생들이 조용히 했다.
   (quand/professeur/entrer/élèves/se taire)

23. 전지를 갈아 끼우자 내 시계는 다시 잘 가기 시작했다.
   (ma montre/se remettre/bien/marcher/quand/change/piles)

24. 우리가 프랑스에 있을 때 그를 알게 되었다.
   (faire/connaissance/quand/nous/être/en France)

25. 옛날에 아들을 셋 가진 방앗간 주인이 있었다.
   ("장화 신은 고양이"에서)
   (meunier/qui/avoir/fils)

연습문제 B

I. 문맥에 맞게 밑줄 친 부분 위에 부정사형으로 주어진 동사를 반과거·복합과거로 놓아, 아래의 이야기를 완성하시오

Il y avait une fois un homme qui __s'appeler__ David. Il __avoir__ quarante ans et il __habiter__ à la Nouvelle-Orléans aux États-Unis.

Il __être__ célibataire, mais il __avoir__ envie de trouver une femme. Un soir, il __tomber__ amoureux.

Il __chanter__ dans un bar karaoke quand il __voir__ Christine. Christine __avoir__ vingt-cinq ans, elle __avoir__ les cheveux roux et les yeux bleus. Elle __être__ petite et dynamique. Après la chanson de David, Christine __chanter__ une chanson aussi.

C' __être__ une chanson d'amour, et pendant qu'elle __chanter__ , elle __regarder__ David fixement. À la fin de la chanson, David __se présenter__ à Christine, et il __l'inviter__ à danser avec lui.

Ils __danser__ ensemble toute la nuit. À minuit, Christine __dire__ qu'elle __devoir__ partir. Elle __prendre__ le numéro de téléphone de David, et elle __promettre__ de l'appeler. Puis, elle __partir__ très vite. Le lendemain, David __attendre__ le coup de téléphone de Christine toute la journée. Mais elle __ne jamais appeler__ . Pendant très longtemps, David __retourner__ au même bar tous les soirs. Il __espérer__ retrouver Christine. Mais elle __ne jamais revenir__ . David __être__ très triste.

Trois ans plus tard, David __ne plus aller__ au bar karaoke. Il __chanter__ seulement des chansons tristes dans la douche. Un jour, David __regarder__ le journal quand il __voir__ une photo de Christine.

C' __être__ une dangereuse criminelle et la police l'avait arrêtée le jour précédent!

II. 다음 이야기를, 문맥에 맞게, 과거 시제로 쓰시오

Anne a de la chance. Elle passe l'été chez une famille française qui habite dans la banlieue de Paris. Elle fait ses valises une semaine à l'avance. Le jour de son départ, elle se réveille tôt parce qu'elle ne peut pas dormir. Pour le petit déjeuner, elle prend seulement des rôties et elle boit un peu de café. Pour le déjeuner elle mange seulement un sandwich. L'après-midi elle prend l'avion pour Paris. Le voyage semble être long. La famille avec qui elle va vivre la rencontre à l'aéroport. Elle passe un été formidable avec cette famille française. Elle s'entend bien avec la fille de la famille. Toutes les deux font beaucoup de choses ensemble. Elles font des promenades dans le jardin du Luxembourg; elles voient les monuments historiques; elles montent la tour Eiffel; elles regardent les peintures au Louvre et au musée d'Orsay; elles prennent des repas formidables dans de bons restaurants; elles font les courses. Anne s'achète un beau chandail et une robe. La robe qu'elle achète est très chic. Tous les samedis les deux filles sortent avec un groupe d'amis et ils s'amusent à la discothèque. C'est un été formidable.

III. 아래 우리말을 복합과거, 반과거의 사용에 유의하면서 프랑스어로 표현해 보세요

1. 당시에 사람들은 고기를 많이 먹지 않았지.
   (on/manger/viande/à cette époque)

2. 그는 술 먹으면 부인을 때린다.
   (battre/femme/quand/boire)

3. 그녀는 바람에 들리는 치마를 꼭 붙들었다.
   (maintenir/sa jupe/que/le vent/soulever)

4. ▷ 영화가 어떠하더냐?
   (comment/tu/trouver/le film)
   ▶ 아주 형편없었어. (nul)

5. 너 독일 친구, 이름이 뭐였지?
   (comment/appeler/ami)

6. ▷ 아직 세탁기 안 고쳐 놓았네.
   (Tu/ne...pas/encore/réparer/machine à laver)
   ▶ 그만 좀, 괴롭히라구. 내가 고칠 거라고 했잖아.
   (arrêter/harceler//Je/dire/que/je/aller/le faire).

7. 오늘 3 명이 결석했다. (← 결석자가 3 명 있었다.)
   (y avoir/absent)

8. 10세 까지는, 그는 아주 똑똑한 아이였지요.
   (jusque/10 ans/être/enfant/très sage)

9. 운전한지 5년이 됩니다. 이제 까지는 한번도 사고를 내지 않았습니다.
   (ça fait ....que/conduire/et/jusqu'à présent/avoir/accident)

10. 이제까지 널 너그럽게 대해 주었지만, 더 이상 널 봐 줄 수 없다.
    (être indulgent/jusqu'à présent/mais/ne...plus/excuser/davantage)

11. ▷ 아니! (Ah, zut!) 사무실에다 수첩을 두고 왔어.
    (oublier/agenda/bureau)
    ▶ 괜찮아. 내일 아침 도로 찾으면 돼.
    (récupérer)

12. 전에 우리는 시골에서 살았다. 그런데 아버지는 빠리(Paris) 여자와 재혼해서 지금은 빠리에 있다.
    (avant/habiter/campagne //mais/père/se remarier // être/maintentant/Paris)

13. ▷ 너, 선생 이름 알고 있었어?
       (savoir/nom/professeur)
    ▶ 아니. 그 사람 이름, 어제 저녁에 알았어.

14. 나는 그에게 사실을 모두 다 말해 주고 싶었지만, 그럴 용기가 없었다.
    (vouloir/dire/tout/vérité/mais/ne...pas/avoir/courage)

15. 그 젊은이는 입을 꽉 다물고, 대답하려 하지 않았다.
    (le jeune/serrer les lèvres/et/vouloir/répondre)

16. 그 사람, 내가 생각했던 것 보다 진지하군.
    (plus...que/sincère/croire)

17. 관중들이 극장에서 나오려 하는데 천둥 번개가 몰아쳤다.
    (foule/sortir/cinéma/quand/orage/éclater)

18. 침대 위에서 두 다리 뻗고 누워 책을 읽고 있다가 나는 깊은 잠에 빠지고 말았다.
    (lire/allongé sur mon lit/quand/s'endormir/profondément)

19. 비가 오기 시작하자 손님들은 자리에서 일어나서 정원을 떠났다.
    (quand/commencer/pleuvoir/invités/se lever/quitter/jardin)

20. 그가 입원해 있을 때 그녀는 여러 번 면회를 갔었다.
    (quand/être/hôpital/aller/voir/plusieurs fois)

◆ 제 1 장. 반과거/복합과거 연습문제 정답

(A) I.

1. a quitté 2. a pris 3. est arrivé 4. avait 5. connaissait 6. a trouvé 7. fallait 8. recevait 9. vivait 10. a renoncé 11. a invité 12. a remis 13. ont ouvert 14. étaient 15. sont devenus

II.

1. C'est *(C'était)* le sept juillet. Il est*(était)* quatre heures de l'après-midi. Il fait*(faisait)* très chaud. Je fais*(faisais)* des courses. Pendant que je me promène*(promenais)* le long du boulevard, je rencontre *(j'ai rencontré)* mon amie. Nous décidons*(avons décidé)* d'aller chez le bijoutier. Pendant que nous regardons*(regardions)* les bracelets et les colliers, un homme entre*(est entré)* dans le magasin. Il a*(avait)* à peu près 25 ans. Il a*(avait)* les cheveux noirs. Il porte*(portait)* un pantalon noir, une chemise verte et un masque au visage. Il tire*(a tiré)* un revolver et il demande*(a demandé)* de l'argent au caissier. Le caissier a *(a eu)* peur et il lui donne*(a donné)* de l'argent. Mais heureusement, un autre employé voit*(a vu)* le vol et appelle*(a appelé)* la police. La police arrive*(est arrivée)* et arrête*(a arrêté)* le voleur.

2. Il est*(était)* sept heures du matin. Je vais*(suis allé(e))* dans les montagnes parce que je veux*(voulais)* faire du ski. Il fait*(faisait)* froid et il fait*(faisait)* du vent mais le soleil brille*(brillait)*. Je porte*(portais)* un beau costume de ski. J'arrive*(suis arrivé(e))* au chalet. J'achète*(J'ai acheté)* mon billet pour les remonte-pentes et je fais*(j'ai fait)* la queue pour monter la montagne. Je remarque*(J'ai remarqué)* qu'il y a*(avait)* beaucoup de monde sur les pistes de ski. Je monte*(montais)*. Je descends*(descendais)*. Je suis*(J'étais)* très content*(e)*. Je sais*(savais)* bien faire du ski. Mais malheureusement, à la quatrième descente, je tombe*(suis tombé(e))*. Je me casse*(suis cassé)* la jambe. On m'emmène*(m'a emmené(e))* à l'hôpital où on met*(a mis)* ma jambe dans du plâtre. La journée qui commence*(a commencé)* bien finit*(a fini)* mal.

III.

1. Autrefois, Séoul s'appelait «Hansung».
2. Je t'ai bien compris.

3. J'ai fouillé mes poches, mais il n'y avait rien.
4. Je suis allé(e) à l'aéroport accueillir un client qui arrivait de France.
5. ▷ Alors, la pièce, c'était comment?
   ▶ J'ai bien aimé.
6. ▷ C'était le combien, le mariage?
   ▶ Le dix ou le onze, j'ai oublié.
7. ▷ Passe-moi la télécommande, s'il te plaît.
   ▶ Je ne la trouve plus.
   ▷ Elle était sur la table, tout à l'heure.
8. J'ai failli tomber dans les escaliers.
9. Il a été professeur pendant 30 ans.
10. Je l'ai attendue jusqu'à neuf heures passées.
11. Il ne s'entendait pas avec sa femme et ils vivent séparés à présent.
12. ▷ Il a plu pendant toutes nos vacances.
    ▶ Vous n'avez vraiment pas eu de chance!
13. Où est Olivier? Je ne le trouve plus! Il était là à l'instant!
14. Je n'ai rien fait, hier soir. J'étais fatigué(e).
15. ▷ Quand l'avez-vous su?
    ▶ Hier soir.
16. ▷ Pourquoi as-tu fait ça?
    ▶ Je ne savais pas que c'était interdit.
17. J'ai voulu parler, mais on m'en a empêché.
18. J'ai trouvé chez un marchand de livres d'occasion un volume que je voulais me procurer.
19. Je dormais quand le téléphone a sonné.
20. Elle faisait une promenade quand elle a découvert un billet de mille francs sur le trottoir.
21. Il a passé trois mois à l'hôpital. Quand il était à l'hôpital, elle allait le voir, mais maintenant, elle l'a complètement délaissé.
22. Quand le professeur est entré, les élèves se sont tus.
23. Ma montre s'est remise à bien marcher quand j'ai changé les piles.
24. Nous avons fait sa connaissance quand nous étions en France.
25. Il était une fois un meunier qui avait trois fils.
    Le chat botté의 첫머리 글.

(B.) I.

Il y avait une fois un homme qui __s'appelait__ David. Il __avait__ quarante ans et il __habitait__ à la Nouvelle-Orléans aux États-Unis.

Il __était__ célibataire, mais il __avait__ envie de trouver une femme. Un soir, il __est tombé__ amoureux.

Il __chantait__ dans un bar karaoke quand il __a vu__ Christine. Christine avait vingt-cinq ans, elle __avait__ les cheveux roux et les yeux bleus. Elle était petite et dynamique. Après la chanson de David, Christine __a chanté__ une chanson aussi.

C'__était__ une chanson d'amour, et pendant qu'elle __chantait__, elle __regardait__ David fixement. À la fin de la chanson, David __s'est présenté__ à Christine, et il __l'a invitée__ à danser avec lui.

Ils __ont dansé__ ensemble toute la nuit. À minuit, Christine __a dit__ qu'elle __devait__ partir. Elle __a pris__ le numéro de téléphone de David, et elle __a promis__ de l'appeler. Puis, elle __est partie__ très vite. Le lendemain, David __a attendu__ le coup de téléphone de Christine toute la journée. Mais elle __n'a jamais appelé__. Pendant très longtemps, David __retournait__ au même bar tous les soirs. Il __espérait__ retrouver Christine. Mais elle __n'est jamais revenue__. David __était__ très triste.

Trois ans plus tard, David __n'allait plus__ au bar karaoke. Il __chantait__ seulement des chansons tristes dans la douche. Un jour, David __regardait__ le journal quand il a vu une photo de Christine.

C'__était__ une dangereuse criminelle et la police l'avait arrêtée le jour précédent!

II.

Anne a*(avait)* de la chance. Elle passe*(a passé)* l'été chez une famille française qui habite*(habitait)* dans la banlieue de Paris. Elle fait *(a fait)* ses valises une semaine à l'avance. Le jour de son départ, elle se réveille*(s'est réveillée)* tôt parce qu'elle ne peut*(pouvait)* pas dormir. Pour le petit déjeuner, elle prend*(a pris)* seulement des rôties et elle boit*(a bu)* un peu de café. Pour le déjeuner elle mange*(a mangé)* seulement un sandwich. L'après-midi elle prend*(a pris)* l'avion pour Paris. Le voyage semble*(semblait)* être long. La famille avec qui elle va*(allait)* vivre la rencontre*(l'a rencontrée)* à l'aéroport. Elle passe*(a passé)* un été formidable avec cette famille française. Elle s'entend *(s'entendait)* bien avec la fille de la famille. Toutes les deux font*(ont fait)* beaucoup de choses ensemble. Elles font*(ont fait)* des promenades dans le jardin du Luxembourg; elles voient*(ont vu)* les monuments historiques; elles montent*(ont monté)* la tour Eiffel; elles regardent*(ont regardé)* les peintures au

Louvre et au musée d'Orsay; elles prennent*(ont pris)* des repas formidables dans de bons restaurants; elles font*(ont fait)* les courses. Anne s'achète*(s'est acheté)* un beau chandail et une robe. La robe qu'elle achète*(a achetée)* est*(était)* très chic. Tous les samedis les deux filles sortent*(sortaient)* avec un groupe d'amis et ils s'amusent*(s'amusaient)* à la discothèque. C'est*(était)* un été formidable.

III.

1. On ne mangeait pas beaucoup de viande à cette époque.
2. Il bat sa femme quand il a bu.
   bat/frappe
3. Elle a maintenu sa jupe que le vent soulevait.
4. ▷ Comment as-tu trouvé le film?
   ▶ C'était nul.
5. Comment s'appelait ton ami allemand?
6. ▷ Tu n'as pas encore réparé la machine à laver!
   ▶ Arrête de me harceler. Je t'ai dit que j'allais le faire!
7. Aujourd'hui, il y a eu trois absents.
8. Jusqu'à 10 ans, il a été un enfant très sage.
9. Ça fait 5 ans que je conduis, et, jusqu'à présent, je n'ai pas eu d'accident.
10. J'ai été indulgent avec toi jusqu'à présent, mais je ne peux plus t'excuser davantage.
11. ▷ Ah, zut! J'ai oublié mon agenda au bureau.
    ▶ Ça ne fait rien, tu le récupereras demain matin.
12. Avant nous habitions à la campagne. Mais mon père s'est remarié avec une Parisienne. Il est maintenant à Paris.
13. ▷ Savais-tu (Tu savais; Est-ce que tu savais) le nom du professeur?
    ▶ Non, mais j'ai su son nom hier soir.
14. Je voulais lui dire toute la vérité, mais je n'en ai pas eu le courage.
15. Le jeune a serré les lèvres et n'a pas voulu répondre.
16. Il est plus sincère que je (ne) le croyais.
17. La foule sortait du cinéma quand l'orage a élcaté.
18. 내가 남자라면:
    Je lisais allongé sur mon lit quand je me suis profondément endormi.
    내가 여자라면 :
    Je lisais allongée sur mon lit quand je me suis profondément endormie.
19. Quand il a commencé à pleuvoir, les invités se sont levés et ont quitté le jardin.
20. Quand il était à l'hôpital, elle est allée le voir plusieurs fois.

● 제 2 장. 상대 시제 ●

1 대과거

1. 기준 시점이 과거인 경우

   과거의 한 시점보다 앞선 시점에 완료된 동작을 가리킴.

   ① 문장에서 비교되는 두 사건이 표현되는 경우:

   J'ai rencontré hier des amis que je n'avais pas vus depuis dix ans.

   나는 못 본지 10 년 되는 친구들을 어제 만났다.

   J'ai dit que tu étais parti hier.

   너가 어제 떠나버렸다고 난 말했다.

   ② 문맥으로 비교되는 두 사건이 표현되는 경우:

   Pourquoi est-ce que tu n'as pas répondu au téléphone? Tu ne t'étais pas encore réveillé?

   너, 왜 전화 안 받았니? 아직 잠에서 안 깨어 났던거야?

2. 기준 시점이 현재인 경우

   대과거 = 〔복합과거 + 반과거〕이기 때문에, 완결된 행동을 표현하는 복합과거와, 미완의 행동을 표현하는 반과거를 연결하면, 일단 완결된 행동을 미완의 행동으로 복원시키려는 효과가 발생한다. 몇 가지 예로 분석해 보면,

   · Mais oui! J'avais oublié, excusez-moi.

   예, 그래요. 제가 잊고 있었군요. 죄송해요. J'ai oublié라고 하면 "잊어 버렸다"는 뜻이기 때문에 "지금, 기억이 없다"라는 것이 된다. 반과거형을 사용하여 j'oubliais/j'allais oublier라고 하면 "잊을 참이었다, 잊으려 하고 있었다"는 의미가 된다. 대과거형 j'avais oublié를 사용하면, 복합과거형의 부분으로 "완전히 잊어버리고 말았다"를 표시하고, 반과거형의 부분으로, "기억이 없다"는 상태가 중단되어, "잊고 있다가 지금 생각이 났다"는 것을 의미한다.

   · Je vous l'avais dit. On est les premiers.

내가 말한 대로지요. 우리가 제일 먼저요.

복합과거형 j'ai dit 라고 하면 "나는 말했다"→ "당신은 나의 의견을 알고 있다."이라는 것이 되지만, 대과거 j'avais dit로 하면, "(당신은 믿지 않았을 지도 모르지만) 내가 말한 대로 되었다."는 뉘앙스가 첨가된다.

- Tu m'avais promis de m'acheter un collier!
"목거리 사준다고 약속해 놓고서는."

복합과거형 tu as promis로 하면 "약속했다"→ "약속을 지켜라"라는 뜻이 되지만, 대과거형 tu avais promis로 하면, "약속했는데, 약속을 무시하고 있다."는 뉘앙스가 첨가된다.

3. 조건절에서 (⇒조건법 참조)

Si로 시작하는 절에서, 과거에 이루어지지 않은 사실을 나타냄.

S'il était arrivé, nous aurions dîné ensemble.
   그가 왔더라면, 함께 식사를 했을 터인데.

2 전미래

미래의 기준점으로 보아 완료된 사건을 표시할 때 사용.

1. 미래의 기준점이 문장에서 표시된 경우:

① 구로서:

Ils se seront installés avant le mois de septembre.
   9월 전에, 그들은 자리를 잡게 될 것이다.
Elle sera arrivée avant nous.
   그녀는 우리보다 먼저 도착해 있을 것이다.

② 절로서:

Je te téléphonerai quand la lettre sera arrivée.
   편지 오면 전화할게.
Nous partirons aussitôt que Chantal aura fini son travail.
   샹딸이 일을 끝내면 곧바로 우리는 떠난다.

3 부정사의 과거형

⟨avoir [être] + 과거분사⟩ 형으로, 기준 시점보다 앞선 행동을 나타낼 수 있다.

Il croit l'avoir lu. 그는 그것을 읽은 것으로 믿고 있다.

Il espère avoir fini demain. 그는 내일에는 마칠 것으로 기대하고 있다.

연 습 문 제

아래 우리말을 프랑스어로 표현해 보세요

1. 나는 잃어버린 시계를 드디어 도로 찾았다.
   (retrouver/enfin/montre/que/perdre)

2. (먼 곳으로 떠나는 친구에게) 자리 잡으면, 편지해 줘.
   (écrire/quand/être installé)

3. 마중 나와 주셔서 감사합니다.
   (merci/venir/chercher)

4. 문이 열려 있네. 내가 나올 때, 닫았는데. 왠 일이야?
   (porte/ouvert // pourtant/fermer/parter // comment/se faire)

5. [책(le livre)에 관하여 이야기하고 있음]
   다 읽고 나면 너한테 빌려 줄게
   (prêter/dès que/finir)

6. 그가 자기가 UFO를 보았다고 주장한다.
   (affirmer/voir/OVNI)

7. 나는 친구를 만나러 갔는데 외출해서 집에 없었어요.
   (aller/voir/ami/mais/sortir)

8. 그 사람이 떠나면 곧바로 나는 소등할 것이다.
   (dès que/partir/éteindre/lumière)

9. 학창 시절에 공부를 하지 안한 것이 후회가 된다.
   (regretter/travailler/quand/étudiant)

10. 키를 재어 보니 지난해 보다 7 센티미터 더 큰 것을 알았다.
    (quand/mesurer/réaliser/grandir/par rapport à l'année dernière)

11. 나는 시험 끝나면 영화 보러 갈거다.
    (aller/cinéma/quand/examen/fini)

12. 나는 학업을 마치고 곧 바로 창업했다.
    (monter/propre affaire/juste/après/finir/étude)

13. 이렇게 큰 철도 사고는 예전에 없었다.
    (ne...jamais/y avoir/accident de train/aussi grave)

14. 청소 다 끝나면 우유 좀 사와요.
    (quand/finir/ménage/aller/chercher/lait)

15. 나에게 진실을 말 안 해준 그가 원망스럽다.
    (en vouloir/ne...pas/dire/vérité)

16. 일이란, 예상한 대로 똑 같이 진행되는 경우가 절대로 없다.
    (choses/ne...jamais/aller/exactement/comme/prévoir)

17. 그 사람, 다시 들어오면 나에게 전화하라고 말해 주세요.
    (dire/appeler/dès que/rentrer)

18. 나는 1회전에서 지고 말아 창피스러웠다.
    (se sentir/honteux/perdre/au premier tour)

19. ▷ 자. 네가 달라고 한 신문 여기 있어.
   (tiens/voilà/journal/demander)
   ▶ 그게 아니야. 르 몽드 달라고 했는데.
   Mais, ce n'est pas le bon. (demander/Le Monde)

20. 그것을 실제로 본 다음 살지, 말지 결정하겠다.
   (décider/acheter/ou non/après/voir/effectivement)

21. 누가 방에 들어오자 그는 갑자기 목소리를 낮추었다.
   (comme/quelqu'un/entrer/pièce/soudainement/baisser/voix)

22. 잠자리에 든 후에도 얼마간 나는 깨어 있었다.
   (rester/éveillé/un certain temps/après/se coucher)

23. 우리 영화관에 가기로 했었지요. 아닌가요?
   (On/se mettre/d'accord/aller au cinéma/non)

24. (공항에서 자기 짐을 기다리는데 찾을 수 없어서)
   내 짐을 찾을 수가 없어요. 그것을 찾으면 내 호텔로 곧바로 배달시켜 주세요.
   (retrouver/bagage // dès que/retrouver/livrer/hôtel)

25. 마리(Marie)는 자기 시어머니가 치매에 걸려 밤낮으로 잘 살펴야만 한다는 이야기를 나에게 했다.
   (raconter/belle-mère/retomber en enfance/devoir/surveiller/jour et nuit)

◆ 제 2 장 상대시제 연습문제 정답

1. J'ai enfin retrouvé ma montre que j'avais perdue.
2. Écris-moi quand tu seras installé.
3. Merci d'être venu me chercher.
    = C'est gentil d'être venu m'accueillir.
4. La porte est ouverte. Pourtant, je l'avais fermée en partant. Comment ça se fait?
5. Je te le prêterai dès que je l'aurai fini.
6. Il affirme avoir vu un OVNI.
7. Je suis allé voir un ami, mais il était sorti.
    = Je suis allé voir un ami, mais il n'était pas chez lui.
8. Dès qu'il sera parti, j'éteindrai la lumière.
9. Je regrette de ne pas avoir travaillé quand j'étais étudiant.
10. Quand je me suis mesuré(e), j'ai réalisé que j'avais grandi de sept centimètres par rapport à l'année dernière.
11. J'irai au cinéma quand mes examens seront finis.
12. J'ai monté ma propre affaire juste après avoir fini mes études.
13. Il n'y avait jamais eu d'accident de train aussi grave.
14. Quand vous aurez fini le ménage, allez chercher du lait, s'il vous plaît.
15. Je lui en veux de ne pas m'avoir dit la vérité.
    = Il est regrettable qu'il ne m'*ait* pas dit la vérité.
    (이탤릭체는 접속법임에 유의)
16. Les choses ne vont jamais exactement comme on l'avait prévu.
17. Dites-lui de m'appeler dès qu'il sera rentré.
18. Je me suis senti honteux d'avoir perdu au premier tour.
19. ▷ Tiens, voilà le journal que tu m'as demandé.
    ▶ Mais, ce n'est pas le bon! Je t'avais demandé "Le Monde"!
20. Je déciderai d'acheter ou non après l'avoir effectivement vu.
21. Comme quelqu'un était entré dans la pièce, il a baissé soudainement la voix.
22. Je suis resté(e) éveillé(e) un certain temps après m'être couché(e).
23. On s'était mis d'accord pour aller au cinéma, non?
24. Je ne retrouve pas mes bagages... Dès que vous les aurez retrouvés, faites-les-moi livrer à mon hôtel.
25. Marie m'a raconté que sa belle-mère était retombée en enfance et qu'elle devait la surveiller jour et nuit.

● 제 3 장. 조건법 ●

 동사의 미래의 어간(語幹)과 반과거의 어미가 결합되는 형태에서 그 용법이 예고된다. 즉, 미래와 과거의 접목은, 비현실적이다. 이것으로부터, 가정, 추측, 완곡한 어법, 등이 유도된다.

1. si + 반과거에 대응하여, 실현이 어려운 가정을 표현
 1. 조건법 현재 : 현재 사실에 대한 가정
  Si j'avais de l'argent, je t'en donnerais.
   만약 나에게 돈이 있다면, 너에게 좀 줄 터인데.
  (Mais je n'ai pas d'argent, donc je ne peux pas t'en donner.)
   그러나 나는 돈이 없다, 그래서 나는 너에게 줄 수 없다.

 2. 조건법 과거 : 과거 사실에 대한 가정
  ▷ Alice ne nous a pas vus.
   알리스가 우리를 못 봤어.
  ▶ C'est vrai. Si elle nous avait vus, elle se serait approchée de notre table.
   맞아. 우리를 보았더라면, 우리 테이블로 왔을 터인데.

2. 가상, 추측의 세계를 표현
 Le ciel est gris, il pourrait pleuvoir ce soir.
  하늘이 잿빛이야. 오늘 저녁 비가 오겠는걸.

 Qu'est-ce qu'on fait aujourd'hui? On pourrait aller au cinéma.
  오늘 뭘 하지? 영화관에나 가 볼까?

 On vivrait au bord de la mer. On n'irait pas à l'école. Il ferait beau tous les jours.
  바닷가에서 살까. 학교에 안 가도 되고. 매일 날씨가 좋을 것이고.

③ 몇몇 종류의 동사에서, 일상회화에서의 완곡한 어법.

　　Je voudrais partir tôt aujourd'hui.
　　오늘은 일찍 떠나고 싶습니다.
　　Pourriez-vous faire les courses en rentrant?
　　돌아오는 길에 장을 봐주면 좋겠는데요.
　　Il faudrait que vous fassiez attention.
　　주의하셔야만 하는데요.
　　Nous aimerions vous voir tout de suite.
　　지금 곧 만나고 싶습니다.

④ devoir동사로서 가능성, 조언을 나타낸다.

　　En prenant l'autoroute, ils devraient arriver dans trois heures. (가능성)
　　고속도로를 타면, 그들은 세 시간 지나면 도착할 수 있을 것이다.
　　Il fait froid : tu devrais mettre ton manteau. (조언)
　　날씨가 추워. 외투를 입는 게 좋을 걸.

⑤ 간접화법의 경우, 과거에서의 미래 (시제의 일치)

　　주절의 동사가 과거일 경우, 조건법 현재는 미래를 나타낸다.
　　Elle dit qu'elle écrira bientôt.
　　Elle a dit qu'elle écrirait bientôt.
　　Elle disait qu'elle écrirait bientôt.

⑥ 조건법 과거는 후회, 비난을 나타낸다.

　　J'aurais dû boire moins. (후회)
　　술을 덜 마셨어야 하는 건데

Tu aurais pu m'écrire. (비난)
나에게 편지 쓸 수 있었잖아.

7 조건절의 대용구

1. Ça ... que + 절

    Ça vous ennuierait que je passe un coup de fil?
    전화해도 괜찮겠습니까?

2. Ça ... + de + 부정사

    ▷ Ça ne te dirait pas d'aller faire une balade en voiture?
    드라이브하는 것 어때?
    ▶ Tu as une voiture, toi?
    너 차 있니?

3. 어귀

    Sans le golf, mon père ne pourrait pas vivire.
    골프가 없으면, 우리 아버지는 못 살거야.

    À sa place, j'aurais téléphoné...
    나라면, 전화했을 것이다.

8 조건절 만으로 권유·소망을 나타내는 표현

Si on allait prendre un pot?
한 잔 하러 가는 것 어때요?

Si j'avais une nouvelle voiture aussi.
나도 새 차 한 대 있으면 좋을 터인데.

연 습 문 제

I. 어떤 가정이 새 집으로 이사하였다. 가구들을 어디에 놓을까 하는 문제를 놓고, 가족들의 생각과 말을 표현하고자 한다. 예문과 같이, 가정에 해당되는 부분을 현재형 동사로 된 절로, 결과에 해당되는 부분을 미래형 동사로 절로 놓아 문장을 만들어 보세요.

> 예문 on / mettre la chaîne stéréo dans le séjour/
> on / pouvoir écouter des disques ensemble
> ⇒ Si on met la chaîne stéréo dans le séjour,
>   on pourra écouter des disques ensemble.

1. maman / installer la machine à laver au sous-sol / nous / avoir plus de place dans la cuisine.
   ⇒ _____

2. je / mettre la lampe à côté du fauteuil / je pouvoir lire
   ⇒ _____

3. nous / nettoyer le tapis / nous / le mettre dans le salon
   ⇒ _____

4. tu / trouver la table en plastique/ tu/ pouvoir la mettre sur la terrasse
   ⇒ _____

5. on / laisser l'ordinateur dans ma chambre / je / faire mes devoirs sans embêter les autres
   ⇒ _____

6. les déménageurs / monter une étagère dans ma chambre / je / ranger tous mes livres
   ⇒ _____

II. 이사를 하고 하면 여러 가지 문제가 발생한다. 이런 문제점을 표현하기 위하여, 예문과 같이, 조건에 해당하는 절은 반과거형의 동사를, 결과에 해당되는 주절에는 조건법 현재형을 써서 문장을 만들어 보세요

> 예문 On n'a pas de lave-vaisselle. On fait la vaisselle à la main.
> → Si on avait un lave-vaisselle,
>   on ne ferait pas la vaisselle à la main.

1. On n'a pas deux postes de télé. On ne peut pas regarder la télé dans le séjour.
   ⇒ _____

2. Cette maison n'a pas de grenier. Il n'y a pas de place pour les boîtes.
   ⇒ _____

3. La cheminée ne fonctionne pas. Nous ne pouvons pas faire un feu.
   ⇒ _____

4. On n'a pas de tableaux dans le salon. Le salon n'est pas accueillant.
   ⇒ _____

5. Je n'ai pas de chaîne stéréo dans ma chambre. J'écoute mes disques dans le séjour.
   ⇒ _____

6. Le frigo est tellement petit. Maman fait les courses plusieurs fois par semaine.
   ⇒ _____

7. Tu ne décroches pas les rideaux. Je ne peux pas les laver.
   ⇒ _____

8. Cette fenêtre ne se ferme pas bien. Il fait froid dans ma chambre.
   ⇒ _____

III. 예문과 같이, 두 사람이 주고받은 말을 한 문장으로 만들어 보세요

> ▷ Thierry : Pourquoi est-ce que tu n'as pas répondu à ma lettre?
>   너, 왜 내 편지에 답장 안보냈니?
> ▶ Georges : Je ne l'ai pas reçue.
>   난, 편지 못 받았어
> ⇒ Georges aurait répondu à la lettre de Thierry s'il l'avait reçue.
>   만약 띠에르가 편지를 받았더라면 조르쥐가 답장을 했을 것이다

1. ▷ Yves : Pourquoi est-ce que tu ne m'as pas salué à la cantine?
   ▶ Michèle : Je ne t'ai pas vu.
   ⇒ _____

2. ▷ Roger : Pourquoi est-ce que tu ne m'as pas téléphoné?
   ▶ Sylvie : J'ai passé toute la journée à la bibliothèque.
   ⇒ _____

3. ▷ Judith : Pourquoi est-ce que tu ne m'as pas dit qu'il y avait un examen aujourd'hui?
   ▶ Damien : Je ne m'en suis pas souvenu.
   ⇒ _____

4. ▷ Julie : Pourquoi est-ce que tu n'as pas suivi ton régime?
   ▶ Ariane : J'ai eu envie de manger du chocolat.
   ⇒ _____

5. ▷ Sonia : Pourquoi est-ce que tu n'as pas fait le ménage?
   ▶ Nicolas : Je n'ai pas eu le temps.
   ⇒ _____

6. ▷ Roland : Pourquoi est-ce que tu n'as pas pris ta bicyclette?
   ▶ Patrick: Je me suis foulé la cheville.
   ⇒ _____

7. ▷ Grégoire : Pourquoi est-ce que Virginie et toi, vous n'êtes pas sortis?
   ▶ Paul : Nous avons dû étudier.
   ⇒ _____

8. ▷ Hélène : Pourquoi est-ce que tu n'es pas venu à la faculté?
   ▶ Louis : Je suis allé chez le médecin.
   ⇒ _____

IV. 아래 우리말을 프랑스어로 표현해 보세요

1. 실례합니다. 베르제씨(M. Verger)씨 아닌가요?

2. 포기하는 것이 나을 거예요.
   (faire mieux/renoncer)

3. 전화 번호 좀 가르쳐 주실래요?
   (pouvoir/donner/numéro de téléphone)

4. 그냥 집에 눌러 있을 걸 그랬다.
   (rester/bien/chez moi)

5. 넌 생일 선물로 뭘 받았으면 좋겠니?
   (aimer/avoir/pour ton anniversaire)

6. 저와 좌석을 바꾸면 안 될 까요?
   (ennuyer/changer/place)

7. 그 영화가 칼러였더라면, 훨씬 더 멋있었을 것이다.
   (si/film/en couleurs/encore/plus/merveilleux)

8. 어떻게 하면 기분이 좋겠니? (←무엇이 너를 기쁘게 할 수 있을까?)
   (faire plaisir)

9. 그는 돈 된다면 무슨 짓이라도 할 것이다.
   (faire/n'importe quoi/pour/argent)

10. 이런 더위라면, 오늘이 여름 같아.
    (se croire/en été/avec cette chaleur)

11. 10 년 뒤에는 너는 어떻게 될까?
    (← 너가 무엇이 될까 자문한다)
    (se demander/être)

12. 우리 남편은 밥을 먹지 않고서는 살 수 없을거야.
    (mari/pouvoir/vivre/sans/manger/riz)

13. 그들을 초대하지 않을 생각이다. 그렇게 하면, 사람들이 너무 많아지니까.
    (compter/inviter // On/être/trop/nombreux)

14. 빠리 시내에서는 운전할 엄두가 안난다.
    (ne...pas/oser/conduire/Paris)

15. ▷피아노 좀, 그만 할 수 없을까요? 지금 열 시인데요.
   (arrêter / piano)

   ▶ 죄송합니다. 그만, 시간 가는 줄 몰라서...
   (se rendre compte de l'heure)

16. 그 이유들을 설명하자면 긴 이야기가 될 것입니다.
   (être/long/de/expliquer/raisons)

17. 이 이야기는 듣지 않은 것으로 해 주십시오.
   (← 마치 당신이 전혀 모르는 것으로 하십시오)
   (faire/comme si/savoir/ne...rien)

18. ▷ 계단에서 넘어져서 삐었어.
   (tomber/escalier // Je/se faire une entorse)

   ▶ 넌 운이 좋았어. 더 큰일 날 수도 있었잖아.
   (avoir/chance // pouvoir/être pire)

19 수요일 대신에 월요일 강의에 나오면 안 될 까요?
   (pouvoir/assister/ cour/ au lieu de mercredi)

20 ▷넌 그 사람과 결혼하지 말았어야 했다.
   (ne...pas/devoir/marier)

   ▶ 내가 진작 알았더라면 (si/savoir)

◆제 2 장 조건법 연습문제 정답

I.

1. Si maman installe la machine à laver au sous-sol, nous aurons plus de place dans la cuisine.
2. Si je mets la lampe à côté du fauteuil, je pourrai lire.
3. Si nous nettoyons le tapis, nous le mettrons dans le salon.
4. Si tu trouves la table en plastique, tu pourras la mettre sur la terrasse.
5. Si on laisse l'ordinateur dans ma chambre, je ferai mes devoirs sans embêter les autres.
6. Si les déménageurs montent une étagère dans ma chambre, je rangerai tous mes livres.

II.

1. Si on avait deux postes de télé, on pourrait regarder la télé dans le séjour.
2. Si cette maison avait un grenier, il y aurait de la place pour les boîtes.
3. Si la cheminée fonctionnait, nous pourrions faire un feu.
4. Si on avait des tableaux dans le salon, le salon serait accueillant.
5. Si j'avais une chaîne stéréo dans ma chambre, je n'écouterais pas mes disques dans le séjour.
6. Si le frigo n'était pas tellement petit, maman ne ferait pas les courses plusieurs fois par semaine.
7. Si tu décrochais les rideaux, je pourrais les laver.
8. Si cette fenêtre se fermait bien, il ne ferait pas froid dans ma chambre.

III.

1. Michèle aurait salué Yves à la cantine si elle l'avait vu.
2. Sylvie aurait téléphoné à Roger si elle n'avait pas passé toute la journée à la bibliothèque.
3. Damien aurait dit à Judith qu'il y avait un examen aujourd'hui s'il s'en était souvenu.
4. Ariane aurait suivi son régime si elle n'avait pas eu envie de manger du chocolat.
5. Nicolas aurait fait le ménage s'il avait eu le temps.
6. Patrick aurait pris sa bicyclette s'il ne s'était pas foulé la cheville.
7. Paul et Virginie seraient sortis s'ils n'avaient pas dû étudier.
8. Louis serait venu à la faculté s'il n'était pas allé chez le medecin.

IV.

1. Excusez-moi, vous ne seriez pas M. Verger?
2. Vous feriez mieux de renoncer.
3. Pourriez-vous me donner votre numéro de téléphone?
4. Je serais bien resté chez moi.
5. Qu'est-ce que tu aimerais avoir pour ton anniversaire?
6. Ça ne vous ennuierait pas de changer de place avec moi?
7. Si le film avait été en couleurs, il aurait été encore plus merveilleux.
8. Qu'est-ce qui te ferait plaisir?
9. Il ferait n'importe quoi pour de l'argent.
10. On se croirait en été aujourd'hui, avec cette chaleur.
11. Je me demande ce que tu seras dans dix ans.
12. Mon mari ne pourrait pas vivre sans manger de riz.
13. Je ne compte pas les inviter. On serait trop nombreux.
14. Je n'oserais pas conduire dans Paris.
15. ▷ Vous ne pourriez pas arrêter le piano? Il est dix heures!
    ▶ Je suis désolé(e). Je ne me suis pas rendu compte de l'heure...
16. Ce serait long de vous en expliquer les raisons.
17. Faites comme si vous ne saviez rien.
18. ▷ Je me suis tombé dans l'escalier. Je me suis fait une entorse.
    ▶ Tu as eu de la chance! Ça aurait pu être pire!
19. Est-ce que je pourrais assister au cours de lundi au lieu de mercredi?
20. ▷ Tu n'aurais pas dû te marier avec lui.
    ▶ Si j'avais su...

● 제 4 장. 접속법 ●

① 주절 동사가 의지, 원망, 의심 (자신을 갖지 못하는 것), 감정을 나타낼 때, 종속절의 동사는 접속법이 된다.

예: vouloir, souhaiter, commander, ordonner, exiger, réclamer, désirer, douter [ne pas penser, ne pas croire (※를 참조할 것)], craindre, avoir peur, regretter, être content, aimer, préférer...

>Je veux que vous veniez demain.
>당신이 내일 왔으면 좋겠어요.
>Il ordonne que nous allions à l'université.
>그는 우리에게 대학에 가라고 명령한다.
>Nous désirons que tu prennes le train.
>너가 기차를 타기를 우리는 바란다.
>Vous ne pensez pas qu'il fasse beau demain.
> = Vous doutez qu'il fasse beau demain.
>내일 날씨가 좋을 것이라고 생각하지 않군요.
>J'aime que tu sois avec moi.
>나는 네가 나와 같이 있는 게 좋아.

※ 긍정형의 croire que와 penser que 뒤에는 직설법이 온다. 단, 부정형과 의문형의 경우, 원칙적으로 접속법이 사용된다.

>Vous pensez qu'il fait beau.
>Vous ne pensez pas qu'il fasse beau.
>Pensez-vous qu'il fasse beau?

2 의지, 판단 등을 나타내는 비인칭 구문에서

예: il faut que, il vaut mieux que, il est nécessaire que, il est possible (impossible) que, il est utile que, il est intéressant que, il est important que, il est normal que...

Il faut que tu ailles à Paris l'année prochaine.
너는 내년에 빠리에 가야만 한다.
Il ne faut pas que tu ailles à Paris l'année prochaine.
너는 내년에 빠리에 가지 말아야 한다.
Il est important que vous restiez chez vous ce soir.
오늘 저녁에 집에 계시는 것이 중요합니다.

3 목적, 시기, 조건, 양보 따위를 나타내는 접속구의 뒤에서

예: pour que, afin que, avant que, jusqu'à ce que, pourvu que, à condition que, quoique, bien que...

Pour que nous arrivions à l'heure, il faut partir maintenant.
제 시간에 도착하려면, 지금 떠나야 한다.
Sors avant qu'il pleuve!
비가 오기 전에 나가라.
Elle est sortie, bien qu'elle ait de la fièvre.
몸에 열이 있었지만, 그녀는 나갔다.

4 주절이 최상급 또는 이런 류의 표현일 때

le, la, les plus + 형용사, le, la, les moins + 형용사, le premier, la première, les premiers(ières), le dernier, la dernière, les derniers(ières), le seul, la seule, les seuls(es)

C'est le plus beau pays que je connaisse.
이 나라는 내가 알고 있는 제일 아름다운 나라다.
Tu es la première qui réussisses cet examen.
네가, 이 시험에 합격한 첫 번째 사람이야.

5 독립절에서, 명령, 원망 따위를 나타낸다.
  1. que로 시작하는 절
     Qu'un sang impur abreuve nos sillons!
     더러운 피가 우리들의 밭고랑을 적실 지어다.
        (La Marseillaise의 후렴)

     ▷ Le peuple n'a pas de pain.
         백성들이 빵이 없습니다.
     ▶ Qu'ils mangent de la brioche.
         브리오쉬를 먹도록 해라
         (Marie-Antoinette의 말이라고 전해지고 있음)

  2. que 없이
     Vive la France! Vive la République.
     프랑스 만세! 공화국 만세!

     Honi soit qui mal y pense.
     사념을 품는 자, 화 있을 지어라.
        (영국의 최고 훈장에 새겨져 있는 말)

     Ainsi soit-il!
     아멘.

연 습 문 제

I. 아래 문장을 괄호로 시작하는 절로 바꾸어 다시 써 보세요

> 예문 Nos parents viennent nous rendre visite.
> (nous sommes contents)
> ⇒ Nous sommes contents que nos parents viennent nous rendre visite.

1. Je vis dans le désordre. (ma mère n'acceptera pas)
   ⇒ _____

2. Nous faisons le ménage. (il est essentiel)
   ⇒ _____

3. Nous époussetons les meubles. (il faut que)
   ⇒ _____

4. Bernard et toi, vous récurez les casseroles. (je suis content [e])
   ⇒ _____

5. Toi et moi, nous balayons le parquet. (il convient que)
   ⇒ _____

6. Nous cirons le parquet aussi. (il est possible)
   ⇒ _____

7. Lise et Émile, vous rangez les livres dans les bibliothèques.
   (il vaut mieux)
   ⇒ _____

8. Philomène enlève les toiles d'araignée. (je me réjouis)
   ⇒ _____

II. Jacquot 는 친구 세 명과 더불어, 아파트를 구하고 있다. 친구 각각이 바라는 것을 Jacquot 는 이야기하고 있다. 주어진 자료를 갖고, Jacquot가 이야기하는 말을 만들어 보세요.

> 예문 nous / chercher un appartement / avoir quatre chambre à coucher.
> ⇒ Nous cherchons un appartement qui ait quatre chambre à coucher.

1. toi, tu / vouloir un appartement / avoir deux salles de bains
   ⇒ _____

2. Mathieu / avoir besoin d'un appartement / être climatisé
   ⇒ _____

3. Philippe et moi, nous / préférer un appartement / être près de la faculté.
   ⇒ _____

4. nous / vouloir un appartement / ne pas avoir besoin de beaucoup de rénovation.
   ⇒ _____

5. moi, je / chercher un appartement / avoir le confort moderne
   ⇒ _____

6. Charles / désirer un appartement / se trouver dans un immeuble neuf
   ⇒ _____

7. Mathieu et Philippe / chercher un appartement / être en face de l'arrêt d'autobus.
   ⇒ _____

8. nous / chercher un voisin / ne pas se plaindre des surboums
   ⇒ _____

III. 괄호 안의 동사를 적절한 형으로 바꾸세요.

1. Je crois bien que cet exercice (être) plus difficile que les précédents.

2. J'ai entendu dire que Bouzigue (avoir) fait un hold-up, mais je ne crois pas qu'il (avoir) pu faire une chose pareille.

3. J'ai bien l'impression qu'il (faire) beau demain.

4. Je me souviens que tu (avoir) les cheveux longs à cette époque.

5. Cela fait plus de huit jours qu'il n'a pas téléphoné. Crois-tu qu'il (être) fâché?

6. Je suis presque sûr qu'il (avoir) encore oublié que nous (avoir) une réunion.

7. On dirait que vous (avoir) l'air fatigué. Il est vrai qu'en ce moment, vous (avoir) sans doute beaucoup de travail.

8. Il m'a semblé en arrivant que la ville (avoir) beaucoup changé.

9. Trouves-tu que la ville (avoir) changé?

10. Selon le ministère de la Santé, il ne semble pas que l'épidémie de typhus (pouvoir) prendre des proportions alarmantes.

11. Il semble que dans cette affaire, la police n'(avoir) pas pris toutes les précautions utiles.

12. Il semblerait que dans cette affaire, la police n'(avoir) pas pris toutes les précautions utiles.

13. Que les États d'Europe ne (pouvoir) pas combattre isolément l'inflation, voilà qui ne fait aucun doute.

14. Admettez que votre comportement (avoir) de quoi surprendre!

15. Admettons que tu (avoir) raison : qu'est-ce que cela change?

16. Le ministre a admis que cette critique (être) fondée.

17. Je crois bien qu'il se (être) imaginé que nous ne (remarquer) rien.

18. Il est fort probable que le prix de l'essence (être) bientôt augmenté.

19. Il n'est pas impossible que le prix de l'essence (être) bientôt augmenté.

20. La plupart des experts prévoient que le taux de croissance ne (dépasser) pas 2 ou 3 % l'année prochaine.

IV. 아래 편지는, 퀘벡에 살고 있는 Rozianne 가 빠리에 살고 있는 자기 친구, Isabelle 에게 쓴 것이다. 괄호 속에 부정사형으로 주어진 동사를 적절한 형으로 만들어 편지를 완성하시오

Ma chère Isabelle,

J'espère que tu (1. aller)_____ bien. Mes parents et moi, nous (2. être) _____en bonne santé. J'ai reçu ta lettre hier et je suis vraiment contente que tu puisses venir me voir pendant les vacances. Je préfère que tu (3. venir) _____au mois de juillet. Mes parents demandent que tes parents t'(4. accompagner)_____. Je recommande que vous (5. prendre)_____ les billets d'avion aussitôt que possible. Je suggère aussi que vous (6. mettre) ____quelques pulls dans les valises. À Québec il fait souvent frais le soir, même en été. Je voudrais que nous (7. aller)_____tous aux Laurentides et que nous (8. visiter)_____ensemble la vieille ville. Mes parents et moi, nous désirons (9. passer)_____un mois merveilleux au Canada.

Amitiés,
Rozianne

V. 아래의 우리말을 프랑스어로 표현해 보세요

1. ▷ 그 사람 아직 안 왔네...
   (ne pas/encore/là)
   ▶ 곧 올 거라고 생각합니다.
   (penser / il / aller / arriver /d'une minute à l'autre)

2. ▷ 이 사람이 그 사람이라고는 생각이 안 되는데요.
   (ne...pas/penser/ce/être/lui)
   ▶ 그렇지만, 닮았네요.
   (pourtant/ressembler)

3. ▷그 사람 혼자 사나요?
   (vivre/seul)
   ▶모르겠어요. 하여튼, 결혼했다고는 믿지 않지만.
   (en tout cas/ne... pas/croire/il/être marié)

4. ▷ 내가 좀 더 일찍 올까? 네가 준비하는 것 도와주려고
   (← 너는 내가 보다 일찍 오는 것을 원하느냐)
   (venir/plus tôt/pour/aider/préparer)
   ▶ 좋아. 그러면 도움이 되겠는데.
   (Oui, je veux bien// ça / arranger)

5. ▷ 내가, 너 가방 들어줄까?
　　(vouloir/je/prendre/sac)
　▶ 아니, 괜찮아. Non, ça ira, merci.

6. 진작 내가 왜 그런 생각을 하지 못했을까.
　　(← 좀더 일찍 내가 그런 생각을 하지 않은 것은 정말로 놀랍다)
　　(vraiment/étonnant/que/ne...pas/penser/plus tôt)

7. 이 시각에 그 여자가 집에 있는 경우는 극히 드물다.
　　(rare/que/être/chez/à cette heure-ci)

8. 이건 소설이라는 것을 아셔야 할 필요가 있어요.
　　(falloir/que/savoir/roman)

9. ▷ 우리한테 자식이 없었다는게 유감이요.
　　(dommage/nous/avoir/enfant)
　▶ 입양을 받아도 되었잖아요.
　　(Vous/pouvoir/adopter)

10. 이 역을 할 수 있는 사람은 그 여자밖에 없다.
　　(ne...que/y avoir/qui/pouvoir/jouer/ce rôle)

11. 마르크(Marc)는 어머니 몰래 집을 빠져 나왔다.
　　(sortir/sans que/mère/savoir)

12. 정부가 양보하지 않는 한, 파업이 지속될 우려가 있다.
　　(grève/risquer/continuer/à moins que/gouvernement/concession)

13. 그는 몸에 열이 있는데도 사무실에 나왔다.
   (venir/bureau/bien que/avoir/fièvre)

14. 어디에서도, 그는 환영을 받지 못하는 사람이다.
   (←그가 가는 어디에서도)
   (où/aller/visiteur/importun)

15. 어떠한 어려움이 있어도, 그는 절대로 낙담하지 않는다.
   (← 어려움들이 무엇이든 간에)
   (quel que...../difficulté/ne...jamais/se décourager)

16. 어떤 약을 먹어도, 그녀의 열은 떨어지지 않았다.
   (← 그녀가 먹은 약들이 무엇이든 간에)
   (quel que.../médicament/que/prendre/fièvre/ne...pas/baisser)

17. 참가하시든, 안 하시든 간에, 회신을 보내 주십시오.
   (que... ou non/participer/vouloir/envoyer/réponse)

18. 아버지가 아무것도 눈치채지 못하게, 어머니는 아버지 몰래 살짝, 나에게 돈을 집어 주셨다.
   (mère/glisser/argent/en cachette/de façon à ce que/s'apercevoir)

19. 오해가 없도록, 그 문제에 관해 이미 입장을 밝혔던 것을 또 한번 더 밝혔다.
   (réitérer /ce que /exposer /sur cette question/ afin que /y avoir /malentendu)

20. 내가 짐을 들여놓을 때까지, 문을 붙잡고 있어요.
   (tenir/porte/s'il vous plaît/jusqu'à ce que/rentrer/colis)

◆ 제 4 장 접속법 연습문제 정답

I.

1. Ma mère n'acceptera pas que je vive dans le désordre.
2. Il est essentiel que nous fassions le ménage.
3. Il faut que nous époussetions les meubles.
4. Je suis content(e) que Bernard et toi, vous récuriez les casseroles.
5. Il convient que toi et moi, nous balayions le parquet.
6. Il est possible que nous cirions le parquet aussi.
7. Lise et Émile, il vaut mieux que vous rangiez les livres dans les bibliothèques.
8. Je me réjouis que Philomène enlève les toiles d'araignée.

II.

1. Toi, tu veux un appartement qui ait deux salles de bains.
2. Mathieu a besoin d'un appartement qui soit climatisé.
3. Philippe et moi, nous préférons un appartement qui soit près de la faculté.
4. Nous voulons un appartement qui n'ait pas besoin de beaucoup de rénovation.
5. Moi, je cherche un appartement qui ait le confort moderne.
6. Charles désire un appartement qui se trouve dans un immeuble neuf.
7. Mathieu et Philippe cherchent un appartement qui soit en face de l'arrêt d'autobus.
8. Nous cherchons un voisin qui ne se plaigne pas des surboums.

III.

1. est 2. avait, ait 3. fera 4. avais 5. est 또는 soit 6. a, avions 7. avez, avez
8. avait 9. a 또는 ait 10. puisse 11. a 또는 ait 12. ait 13. puissent 14. a 15. aies
16. était 17. s'est, remarquerions 18. sera 19. soit 20. dépassera

IV.

1. vas 2. sommes 3. viennes 4. accompagnent 5. preniez
6. mettiez 7. allions 8. visitions 9. passer

V.

1. ▷ Il n'est pas encore là...
   ▶ Je pense qu'il va arriver d'une minute à l'autre.
2. ▷ Je ne pense pas que ce soit lui.

▶ Pourtant, il lui ressemble.
3. ▷ Il vit seul?
　　▶ Je ne sais pas. En tout cas, je ne crois pas qu'il soit marié.
4. ▷ Tu veux que je vienne plus tôt, pour t'aider à préparer.
　　▶ Oui, je veux bien. Ça m'arrangerait.
5. ▷ Tu veux que je prenne ton sac?
　　▶ Non, ça ira, merci.
6. C'est vraiment étonnant que je n'y aie pas pensé plus tôt.
7. C'est rare qu'elle soit chez elle à cette heure-ci.
8. Il faut que vous sachiez que c'est un roman.
9. ▷ C'est dommage que nous n'ayons pas eu d'enfants.
　　▶ Vous auriez pu en adopter!
10. Il n'y a qu'elle qui puisse jouer ce rôle.
11. Marc est sorti sans que sa mère le sache.
12. La grève risque de continuer à moins que le gouvernement ne fasse des concessions.
13. Il est venu au bureau bien qu'il ait de la fièvre.
14. Où qu'il aille, c'est un visiteur importun.
15. Quelles que soient les difficultés, il ne se décourage jamais.
16. Quels que soient les médicaments qu'elle a pris, sa fièvre n'a pas baissé.
17. Que vous participiez ou non, veuillez m'envoyer une réponse, s'il vous plaît.
18. Ma mère m'a glissé de l'argent en cachette de mon père, de façon à ce que mon père ne s'aperçoive de rien.
19. Je lui ai réitéré ce que je lui avais exposé sur cette question afin qu'il n'y ait pas de malentendu.
20. Tenez-moi la porte, s'il vous plaît, jusqu'à ce que j'aie rentré les colis.

제 2 부 집중연구

제 2 부 집중연구
◉ 제 1 장. 장소의 표현 ◉

1 개관

1. 점적(点的)인 개념 대 스페이스

장소를 나타내는 전치사 중에 제일 일반적인 것으로 à, dans, sur가 있다. à는 장소의 스페이스가 고려되지 않고 어떤 특정한 지점을 가키는 표현인데 반하여, 어떤 면적이 있는 곳에서 dans은 막혀있다는 느낌이 드는 곳의 내부, sur는 트여 있다는 느낌이 드는 공간의 상부를 표현한다고 총괄적으로 말 할 수 있다. dans 과 en는 특별한 조건하에서 용법을 달리하므로 우선 이것은 제외하기로 한다.

> Il veut rentrer dans son pays.
> Il veut rentrer au pays.
> × à son pays.

그는 고향에 돌아가고 싶어한다.

> Il marche dans la rue.

그는 길을 걸어가고 있다.

> Il conduit sur l'autoroute.

그는 고속도로를 (차를 몰고) 달린다.

프랑스어 단어 rue는 양옆에 집들이 서있는 곳으로, 막혀 있다는 느낌이 들기 때문에 dans la rue 처럼, 전치사 dans이 선택되었고, autoroute는 개방감이 드는 곳이기 때문에, 전치사 sur가 선정되었다. "광장에"는, 광장은 개방된 곳이라고 여겨지기 때문에 sur la place인 것이다.

2. 정지·이동의 개념.

프랑스어는 영어나 독일어와는 달리, 정지·이동의 구분을 동사에 맡긴다고 할 수 있다.

J'habite à Bordeaux.
나는 보르도에서 살고 있다.
Je vais à Bordeaux.
나는 보르도에 간다.

그리하여, 동사 없는 "À Paris"란 말을 접하면, "빠리에"인지, "빠리로"인지, 알 수 없다. 아래처럼, 유명한 문귀에서는 상황에 의하여, à가 ...로 라는 뜻이 된다.

Nach Paris! À Berlin!
(빠리로! 베를린으로! : 일차 세계 대전을 앞두고, 독일, 프랑스, 양 국민이 외쳤던 구호.

3. 출처, 출신.
"... 로 부터"는 원칙적으로 전치사를 de를 사용한다.
J'arrive de Paris. 나는 빠리에서 오는 길이다. 그러나, 전치사 de가 언제나 "...로 부터"를 표현하는 것은 아니다. 〔⇒아래 ③-3. 쪽에 (쪽으로) 참조〕

② 여러 표현
1. 국가, 지방, 도시
1)...에, ...로
(1) 나라
en Iraq : 나라의 성과 관계없이 모음으로 시작하는 나라.
en France : 나라이름의 성이 여성.
au Canada : 나라 이름이 자음으로 시작하고, 성이 남성.
aux États-Unis : 나라 이름이 복수 명사.
Rem. 나라이름에 수식어가 붙으면 전치사가 dans이 되고, 여성 명사인 경우, 관사가 살아난다:
○ Nous allons voyager dans toute la France.
우리는 프랑스 전역을 여행할 것이다.

○ Dans le Japon a'aujourd'hui, on produit plus de riz mais on en mange moins.

오늘날의 일본에서는, 쌀의 생산은 늘고 있지만, 소비는 점점 더 줄어들고 있다.

(2) 지방

en Louisiane, en Bourgogne, dans le Minnesota,
au Texas, ...
dans le, en (au) Poitou,
dans le Berry
dans la Drôme

지방 이름은 관용에 따름.

(3) 도시

à Paris, à Séoul
au Mans, au Caire
à La Havane

언제나 정관사와 함께 쓰는 몇 개의 도시를 제외하고, 관사 없이 씀.

2) ...로부터

(1) 나라

d'Iraq : 모음으로 시작하는 모든 나라의 이름.
de France : 자음으로 시작하는 여성 명사.
du Canada : 자음으로 시작하는 남성 명사
des États-Unis : 복수명사.

※ 자음으로 시작하는 여성 명사의 국가에서는 관사가 빠짐.

Il est venu de France.
그는 프랑스에서 왔다.

(2) 지방

de Bourgogne, de l'Inde, de la Poitou, du Calvados
관용에 따름.

(3) 도시

de Paris

du Mans

de la Havane

언제나 정관사와 함께 쓰는 몇 개의 도시를 제외하고, 관사 없이 씀.

2. 방위

au nord 북쪽에, au nord-est 북동쪽에, à l'est 동쪽에, au sud-est 남서쪽에, au sud 남쪽에, au sud-ouest 남서쪽에, à l'ouest 서쪽에.

Lyon, c'est au nord de Marseille.
리용은 마르세이유의 북쪽에 있다.

J'habite au nord de la France.
나는 프랑스의 북쪽에 위치한 나라에 살고 있다. (예를 들면, 벨기에)

cf. J'habite dans le nord de la France.
나는 프랑스 북부 지방에 살고 있다. (프랑스내의 어느 지방)

Rendez-vous demain matin à 10 heures à la sortie nord de la gare.
내일 아침 10시, 역 북쪽 출구에서 만나자.

Sur les cartes, le sud est en bas.
지도에서, 남쪽이 밑이다.

3. 기준점으로 부터의 위치.

sur 위에, sous 아래에, entre A et B, A와 B 사이에

devant 앞에, derrière 뒤에, en face de 정면에, 마주보고,

à droite 오른 쪽에, à droite de ... ...의 오른쪽에,

à gauche 왼쪽에, à gauche de ... ...의 왼쪽에,

à côte de ... ...의 곁에 (⇒ 아래 ③-3참조)

à l'intérieur 내부에,

à l'extérieur 외부에,

au centre 중앙에

au fond de ...의 제일 깊숙한 곳에

autour de ...의 둘레에

loin de ...에서 먼곳에

près de ...에서 가까운 곳에

à l'arrière de ...의 뒷부분에

- En Angleterre, à l'inverse de la France, on conduit à gauche.
  영국은 프랑스와는 반대로, 자동차가 좌측통행이다.
- C'est entre la librairie et la boulangerie.
  그 것은 책방과 빵집 사이에 있습니다.
- Je distingue mal son visage car il n'y a pas de lumière à l'intérieur de l'aéroport.
  그 사람의 얼굴을 잘 알아 볼 수가 없다. 공항 건물 안에 불빛이 없어서.
- J'ai installé mon enfant à l'arrière de la bicyclette.
  자전거 뒤에 아이를 태웠다.

4. 지점간의 거리, 시간의 표시.

   1) 거리

   Lyon, c'est à 400 kilomètres de Paris.
   리용은 빠리에서 400 킬로미터다.
   Le café du Commerce, c'est à 200 mètres.
   "까페 뒤 꼬메르스"는 여기서 200 미터 지점에 있습니다.
   Il y a un kilomètre de la gare à chez moi.
   역에서 우리 집까지 거리는 1 킬로미터다.

   2) 시간

   Lyon, c'est à deux heures de train de Paris.
   리용은, 빠리에서 기차로 두 시간이다.
   C'est à cinq minutes à pied.
   그 곳은 걸어서 5분입니다.

5. 기타
- par 거쳐서, 경유하여

    Je passe par Amiens pour y aller.

    나는 아미앵을 거쳐 거기에 간다.

- pour; à destination de ...로 향하는

    C'est bien le bus pour l'aéroport?

    공항가는 버스가 맞습니까?

    Le train à destination de Marseille ...?

    마르세이유행 기차는 요?

- en provenance de ...에서 오는

    Le vol Air France 2867 en provenance de Genève vient d'arriver à la porte numéro six.

    제네바 발 에어 프랑스 2867 편 비행기가 6번 게이트에 지금 막 도착하였습니다.

- en haut 위에, du haut 위에서

    Regarde en haut.

    위를 쳐다봐.

    Il faisait très froid en haut de la montagne.

    산 위는 아주 추웠습니다.

    Il y a une erreur à la cinquième ligne en partant du haut.

    위에서 5 번째 줄에 틀린 것이 있다.

- dedans 안에

    Il y a des objets fragiles dedans.

    깨지기 쉬운 물건이 들어 있습니다.

- le dessus; le dessous

    voisins du dessus 바로 위층에 사는 사람들

    Je loue l'étage du dessous à quelqu'un.

    나는 아래층을 세놓고 있습니다.

- au-dessus de...; au dessous de...

    L'avion vole au-dessus des nuages.

비행기가 구름 위를 날고 있다.
Ce tunnel passe au-dessous de la Manche.
이 터널은 영불 해협 밑을 지난다.
- là-haut; là-bas
  Il habite là-haut, au neuvième étage.
  그는 저 위, 10 층에 살고 있어.
  Tu vois cette maison blanche là-bas?
  저기, 흰집 보이지?
- dans les environs 근처에
- dans le lointain 저 멀리

③ 틀리기 쉬운 예 몇 가지

③-1. 바깥에서,

1) travailler à l'extérieur : 직장을 가져 근무한다는 뜻
   travailler dehors : 농민, 육체 노동차가 야외에서 하는 일을 가리킬 때 씀
   L'idéal serait qu'une femme puisse travailler à l'extérieur après avoir élevé ses enfants.
   이상적인 것은, 여성이 아이를 다 키우고 난 뒤 직장생활을 할 수 있는 것일 것이다.
   Moi, je n'aimerais pas être paysan. Il faut travailler dehors la plupart du temps, qu'il fasse beau, qu'il fasse froid.
   나는 농부가 되기 싫어요. 날씨가 좋거나 말거나, 춥거나 말거나, 거의 대부분의 시간에, 밖에 나가 일해야 하기 때문에.

2) 전치사 + l'extérieur
   Ces portes ne s'ouvrent pas de l'extérieur.
   이 문들은 밖에서 열리지 않는다.
   Dans leur salon, il n'y a aucune fenêtre qui donne sur l'extérieur.
   그 집 거실에는 바깥을 보는 창은 하나도 없다.

3) 특정의 동사 + à l'extérieur

Je vais déjeuner à l'extérieur, aujourd'hui.
나는 오늘 점심은 외식하려고 한다.
※특정의 동사 : manger, déjeuner, dîner 등

4) à l'extérieur (de la maison)
dehors (구어)
hors de la maison (문어적)

Ne laisse pas ton ballon dehors, il va pleuvoir.
공을 밖에 두지 말아라. 비가 올 거니까.
Attends-nous à l'extérieur, nous arrivons.
밖에서 기다려, 우리 곧 나갈 거니까.
On devrait manger dehors, sur la terrasse, il fait tellement beau.
밖에 나가, 테라스에서 식사하는 게 좋겠다. 날씨가 너무 좋아.
Sortons, il fait plus frais hors de la maison.
밖에 나가자. 집 밖이 훨씬 더 시원하니까.

3-2 집에, 집에서
1) chez + 한정사 + 명사 (직업 이름)
   de chez + 한정사 + 명사 (직업 이름)

Je vais souvent chez le charcutier acheter des côtelettes de porc.
나는 돼지 갈비 사러 종종 돈육점에 간다.
Monsieur Escalier travaille chez Renault depuis vingt-deux ans.
에쓰깔리에씨는 22년 전부터 르노사(社)에서 근무하고 있다.

Je ne suis revenue de chez le dentiste que vers 7 h.
나는 7시쯤 되서야 비로소 치과에서 집으로 돌아왔다.

2) à + 한정사 + 명사 (가게 이름)

J'ai acheté cette baguette à la boulangerie près de chez moi.
나는 이 바겟뜨를 우리 집 근처의 빵집에서 샀다.

※ 비교 : Je dois être | au salon de coiffure | à 10 h.
　　　　　　　　　　| chez le coiffeur　　 |

나는 10시에 미용실에 있어야 한다.

Nous avons dîné | à La Tour d'argent.
　　　　　　　　| chez Maxim's.

우리들은 | 뚜르다르장 | 에서 저녁 식사를 했다.
　　　　| 막심　　　 |

Au supermarché, la viande n'est pas chère, mais je préfère
l'acheter | à la boucherie.
　　　　 | chez e boucher.

슈퍼가 고기값이 싸기는 해도, 나는 고기를 정육간에서 사는 것을 선호한다.

3) chez *qn*

Je ne vais plus aussi souvent chez les Vanasse qu'autrefois.
옛날처럼 그렇게 자주 바나스네 집에 나는 가지 않는다.

J'ai l'intention de retourner chez mes parents pour les congés du Jour de l'An.
신년 초 휴무기간 때에는 부모님이 계신 집으로 돌아 갈 생각이다.

Mes deux soeurs vivent ensemble; chez elles, c'est si petit qu'elles se disputent constamment.
나의 두 누이는 같이 살고 있는데, 집에 너무 좁아, 두 사람이 늘 싸운다.

4) 특정의 단어 + chez *qn*

Près de chez moi, il y a une autoroute en construction.
우리 집 근처에 고속도로가 건설 중이다.

Dès qu'une voiture passe non loin de chez eux, la maison est secouée.
집 가까이에 차 한 대가 지나가도, 그들 집은 흔들거린다.

Il y a un arrêt d'autobus à 20 mètres de chez moi.
우리 집에서 20 미터 떨어진 곳에 버스 정류장이 있다.

Nous allons te reconduire jusque chez toi.
너네 집까지 우리들이 차로 데려다 줄께.

Je laisse toujours la voiture derrière chez moi.
나는 언제나 우리 집 뒤에 차를 세워 둔다.

※특정의 단어 : près de, loin de, jusque, devant, derrière 등등
※주의: 여기서는 chez *qn* 대신에 소유형용사 + maison 은 쓰지 않음.

5) chez + 인칭 대명사 강세형
à la maison

Chez moi, on a trois télévisions.
우리 집에는 TV가 3대 있다.

Venez dîner chez nous, demain soir.
내일 저녁, 우리 집에, 저녁 식사하러 오세요.

Au bureau, il est le grand patron, mais à la maison, il se laisse mener par sa femme.
회사에서는 그는 엄한 사장님이시만, 집에서는 마누라한테 꼼짝 못한다.

Cette année, nous fêtons Noël à la maison.
우리들은, 올해는, 성탄절 축하 행사를 집에서 한다.

※주의 : ① 5), 6) 용법에서 보는 à la maison과 de la maison은 숙어적 표현으로서, 소유 형용사나 형용사를 붙이거나, 복수형으로 만들어 사용할 수 없음.

▷ Où est ton papa? 네 아버지 어디 있니?
▶ À la maison. 집에
× À la maison verte qui est là-bas.
Dans la maison verte qui est là-bas.

저기 있는 푸른 집에.

② 5), 6)의 용법에서, 3인칭으로 à la maison 이나 de la maison을 사용할 때, 그것이 화자의 집을 가리키고 있는지, 화제에 올라 와 있는 집을 가리키고 있는지 언제나 명확하게 드러나는 것이 아님. 이런 경우, chez lui, de chez lui 같은 표현을 사용하면, 애매한 점이 해소된다.

보충 설명 : la maison의 경우, 어떤 집인지를 결정하는 것은 문맥임.

▷ Et Guy?
기는?

▶ J'ai téléphoné mais il n'était pas à la maison.
전화했는데, 집에 없었어요.

6). de chez + 인칭 대명사 강세형 (구어)
de la maison

De chez moi à la gare, il y a une dizaine de minutes à pied.
우리 집에서 역까지는 걸어서 10분 남짓 걸린다.

▷ Il y a un grand magasin à 500 mètres de chez moi.
우리 집에서 500 미터 거리에 대형 상점이 있어요.

▶ C'est pratique.
편리하군요.

Il marche de la maison à la gare de Yongsan.
그는 집에서 용산 역까지 걸어간다.

7) dans + 한정사 + maison

On n'entre pas en chaussures dans une maison coréenne.
한국에서는 신을 신고 집안에 들어가지 않는다.

C'est dans cette vieille maison que Jennie voulait mourir.
제니는 바로 이 낡은 집에서 죽고 싶어했다.

※ 비교 : Il y a des fleurs partout | dans sa maison.
| chez lui.

                          | × à sa maison.
           그의 집에는 도처에 꽃이 있다.

8) au domicile de *qn*

   Deux policiers se sont présentés très tôt ce matin
   à son domicile.
   경찰 두 명이 그가 거처하는 곳에 오늘 아침 일찍
   모습을 드러냈다.
   ※ 행정 용어임.

③-3 쪽에(으로)

1) de ce côté (de + SN)

   On ne peut pas garer les voitures de ce côté de la rue.
   도로 이 쪽 편은 주차할 수 없다.
   Le courant est plus fort de ce côté-ci de la rivière.
   물살이 강 이 쪽이 더 세다.
   ※ à ce côté-ci (de + SN)은 부적합
      de ce côté-ci (de + SN)은 강조용법

2) de l'autre côté (de + SN)

   Marchons de l'autre côté, il y a moins de monde.
   저쪽 편으로 걸어가자. 사람이 덜 다니니까.
   Les deux malfaiteurs ont été arrêtés de l'autre côté de la frontière.
   그 범법자 두 명이, 국경 건너편에서 체포되었다.
       ▷ Excusez-moi, Madame. Où est la Samartine?
          실례합니다. 싸마르띤느 백화점이 어디 있습니까?
       ▶ De l'autre côté de la Seine.
          쎈느강 저 쪽 편에 있습니다.

3) du côté + 방위

　　La sortie se trouve du côté ouest de la gare.
　　출구가 역, 서쪽에 있습니다.

4) des deux côtés de + SN (장소)

　　Il y avait des badauds des deux côtés de la rue.
　　그 길 양 쪽에 구경꾼이 모여들곤 했었다.

5) du côté de + SN (장소)

　　Les Daulac ont déménagé du côté de Bordeaux, je crois. Mais je
　　n'ai pas leur adresse.
　　돌락네는 보르도쪽으로 이사를 한 것 같은 데, 주소는 몰라요.
　　※동의어 : dans la direction de + SN (장소)
　　※관용어귀 : Occupe-toi de Sylvie; de mon côté, je me charge de Christian.
　　　　　　　당신은 씰비를 맡아요. 난, 크리스티앙을 맡을 테니까요.

6) à côté de + SN

　　Il y a un petit restaurant sympathique à côté de la gare.
　　역 근처에 잘 해 주는 조그만 식당이 있어요.
　　Il y a une grande surface tout à côté de chez moi, c'est
　　pratique.
　　우리 집 바로 옆에 대형 슈퍼가 있어서, 편리합니다.
　　▷ Je vous ai placé à côté de moi.
　　　　선생님 좌석은 제 옆으로 했습니다.
　　▶ Quel honneur!
　　　　영광입니다.

7) à + 소유 형용사 + côtés

　　Je voudrais une compagne qui puisse vivre à mes côtes.
　　곁에 있어 줄 반려자가 있으면 좋겠습니다.

③-4. 나라 이름의 형용사
1) SN + 형용사 (나라 이름)
   (1)
   Mon père m'a rapporté une montre suisse de son voyage.
   아버님이 여행 선물로 스위스 시계를 사 가지고 오셨다.
   J'aime bien les films américains.
   나는 미국 영화를 많이 좋아한다.
   Les voitures japonaises ont fait la renommée du Japon.
   일본차 덕분에 일본의 명성이 높아 졌다.
   ※ 제품, 작품에 사용한다.
   (2)
   Vous n'auriez pas du café brésilien?
   　브라질 커피 있습니까?
   　　▷ La cuisine coréenne, ça vous plaît?
   　　　한국 요리 좋아하세요?
   　　▶ Oh oui, beaucoup.
   　　　아, 예. 아주 좋아합니다.
   Ils m'ont servi un whisky irlandais.
   그들은 나에게 아일랜드 위스키 한 잔을 대접했다.
   Nous allons être obligés d'importer du riz chinois et américain.
   우리는 중국과 미국의 쌀을 수입해야만 할 것이다.
   　※식품에 사용
   (3)
   Mon amie française m'écrit rarement.
   나의 프랑스인 친구는 나에게 거의 편지를 하지 않는다.
   Donnez-moi les noms de quelques compositeurs allemands célèbres.
   저명한 독일 작곡가 이름을 몇몇 열거해 보세요.
   Millet est un des meilleurs peintres français.
   밀레(미예)는 프랑스 화가 중에서 손꼽히는 사람중 하나이다.
   　　※ 그 나라 사람에 관하여 사용

(4)

Allons prendre un repas dans un restaurant chinois.

중국식당에 가서 식사를 합시다.

Dans les universités coréennes, les cours commencent quand?

한국 대학은 수업이 언제 시작합니까?

　　※ 레스토랑, 학교 등에 사용.

(5)

　Lundi prochain, vous aurez un examen sur les verbes français.

　다음 월요일, 불어 동사에 관하여 시험을 보겠습니다.

C'est un proverbe chinois?

그것은 중국 속담입니까?

　　※ verbe, nom, syntaxe, proverbe, dicton, comptine 등에 사용.

(6)

Aux quatrième et troisième siècles avant Jésus-Christ, la civilisation grecque était répandue sur tout le pourtour de la Méditerranée.

기원전, 3, 4 세기에는 그리스의 문명이 지중해 주변에 널리 보급되어 되었다.

Il est né à Alexandrie, mais de langue et de culture françaises.

그는 알렉산드리아 출생이지만, 언어와 문화는 프랑스식이다.

※ civilisation, culture, langue, famille, technologie, société, art 등과 함께 사용.

(7)

Le Togo est une ancienne colonie française.

토고는 옛날 프랑스 식민지이다.

　※ région, province, possession, colonie, nation 등과 함께 사용.

2) 정관사 + 특정의 명사 + 형용사 (나라 이름)

| Le gouvernement | japonais
du Japon | a posé sa candidature pour |

devenir membre du Conseil de sécurité.

일본 정부는 안정 보장 이사회의 이사국에 입후보하였다.

| La proposition du gouvernement | des États-Unis / américain | a été bien |

accueillie.

미국 정부의 제안은 환영을 받았다.

※ 특정의 명사 : gouvernement

※ 주의: 나라 이름이 여성 명사인 경우, 형용사 밖에 쓰지 못함.

| Le gouvernement | français / × de France | a offert d'envoyer des troupes |

pour l'ONG (Organisation Non-Gouvernementale).

프랑스 정부는 NGO를 위한 군대 파견을 제안했다.

| Le gouvernement | chinois / × de Chine | a rappelé son ambassadeur de |

de Washington à Pékin.

중국 정부는 워싱톤 주재, 자국 대사를 북경으로 소환했다.

3) 한정사 + 특정의 명사 + du + 나라이름 (남성명사)

   (1)

   Il me reste à écrire une composition sur la géographie du Canada.

   캐나다 지리에 관한 레포트 쓰는 일이 남아 있다.

   Je t'ai montré mes photos du Brésil?

   브라질에서 찍은 사진, 내가 너에게 보여 주었지?

   ※ 특정의 명사 : histoire, géographie 등

   (2)

   Le roi du Luxembourg a présenté à l'ouverture de la Chambre des députés.

   룩셈부르크 국왕이 국회의 개정에 참석했다.

   ※ 특정의 명사 : roi, empereur

(3)

　　Où est situé le consulat du Portugal?
　　포르투갈 영사관이 어디에 있습니까?
　　　▷ Et celui-là, c'est le drapeau de quel pays?
　　　그런데, 저 건, 어느 나라 깃발이지?
　　　▶ Du Luxembourg.
　　　룩셈부르크야.

4)　SN + | de　　 | + 나라 이름 (여성 명사)
　　　　 | de la |

　Je viens de terminer un livre sur la géographie de la Chine.
　중국의 지리에 관한 책을 한 권, 지금 막 다 읽었다.
　L'histoire de Grande-Bretagne est liée à la conquête des mers.
　영국의 역사는 해양 정복의 역사이다.
　　※주의: 나라 이름이 자음으로 시작하는 여성 명사의 경우, 정관사가
　　　　　 생략되는 수가 많다. 그러나, 나라 이름에 형용사가 붙는 경우,
　　　　　 정관사는 생략되지 않는다.
　　　　　　Je viens de terminer un livre sur l'histoire de la Grèce ancienne.
　　　　　　고대 그리스 역사에 관한 책을 한 권, 지금 막 다 읽었다.

5) 한정사 + 특정의 명사 + de + 한정사 + 나라 이름

　Ici vous vous trouvez à peu près au centre de la France.
　이 주위가 거의 프랑스의 중심에 해당된다.
　Saint-Jean se trouve à l'est du Canada.
　쌩쟝은 캐나다 동부에 있다.
　Tu peux me donner le nom de la capitale de la Hongrie?
　헝가리의 수도 이름 한번 말해 봐.
　　※특정의 명사 : nord, midi, sud, est, ouest, centre, capitale 등

◉ 제 2 장. 시간의 표현 ◉

1 시간과 관련된 여러 표현

세기   17 세기 le dix-septième siècle

해   기원전 700 년 l'an 700 avant Jésus-Christ
       서기 1653 : l'an de grâce 1653
       서기 2005 년에 : en 2005 〔après Jésus-Christ〕

올해(에) cette année; 지난해(에) l'année dernière / l'an dernier
       내년(에) l'année prochaine / l'an prochain

년대   les années 80 : 80 년대

년   année civile 상용(常用)년
       année bissextile 윤년
       année scolaire 학년
       un semestre 학기 (1년을 2 학기로 나누는 시스템에서)
       un trimestre 4분기(3개월간의 기간)

계절   saison saison des pluies 장마철

사계절 : printemps, été, automne, hiver. ⇒ 아래 2. 1 참조
       au début du printemps 이른봄에
       vers le milieu de l'été 한 여름에
       à la fin de l'automne 늦가을에
       printanier, -ière 봄의
       estival, e 여름의
       automnal, e 가을의
       hivernal, e 겨울의

달 ce mois-ci 이번 달(에)
  le mois dernier 지난 달(에)
  le mois prochain 다음달(에)
  Mon fils se marie le mois prochain.
  나의 아들이 다음 달 결혼합니다.
  au début du mois 상순에
  vers le milieu du mois 중순에
  vers la fin du mois 하순에

  Rem: 달 이름은 남성이나, 접두사 mi를 붙여 mi-février처럼 될 때는 여성
    명사가 된다. 6월 중순에 (à) la mi-juin.
    On est déjà presque à la mi-janvier. 벌써 1월도 반이 지났어.
    "무슨 계절에, 몇월 달에"와 관련된 문제점은 아래, 2.1 참조.

주일 une semaine 일 주일
  huit jours 일 주일, quinze jours 2 주일
  une quinzaine (de jours) 약 2 주일
  hebdomadaire 격주의
  cette semaine 이번 주
  la semaine dernière 지난 주
  la semaine prochaine 내주
  au début de la semaine; en début de semaine 주초에
  à la fin de la semaine; en fin de semaine 주말에

요일: lundi, mardi, mercredi, jeudi, vendredi, dimanche.
  Luc vient/viendra dimanche. (이번 주 일요일)
  뤼은 일요일에 온다.
  Le dimanche, je fais la grasse matinée. (매주 일요일)
  (매)일요일에는, 나는 늦잠을 잔다.

▷ Je dois voir M. Cantin. Il est là quels jours?
깡땡 선생님을 뵈어야 하는데요. 어느 날 나오십니까?
▶ Le mercredi et le jeudi.
수요일, 목요일입니다.

일: hier 어제
       hier soir 어제 저녁
       aujourd'hui 오늘
       demain 내일

Tu fais quoi, le jour de Noël?
크리스마스날, 넌 무엇 하니?
Les jours de l'examen, il faut apporter sa carte d'étudiants.
시험 당일에는 학생증을 가지고 와야 한다.
Le prochain jour férié tombe un dimanche.
다음 공휴일은 일요일이다.

일자의 표시: 2005년 3월 2일 화요일
            (le) mardi 2 mars 2005

2 틀리기 쉬운 케이스 연구

1. ...계절에, ...달에
  1) 봄에 : au printemps
    여름에, 가을에, 겨울에, en été, en automne, en hiver
    On se sent renaître au printemps.
    봄에는 다시 살아나는 기분을 느낀다.
    En été, il fait très chaud et très humide en Corée.
    한국의 여름은 무덥다.

2) 지난 겨울, 내년 겨울... ⇒ le + 계절 이름 + 특정 어휘

   L'hiver dernier, il a attrapé une grosse grippe.
   지난 겨울, 그는 지독한 감기에 걸렸었다.
   L'automne prochain, Mira ira suivre un cours de français à Paris.
   내년 가을, 미라는 빠리에 불어 강습 받으러 간다.
   ※특정 어휘: prochain, dernier, précédent, suivant 등
   ※주의: 봄의 경우만, au printemps + 특정 어휘가 된다.
            Au printemps dernier, maman a été très malade.
            지난 봄, 어머님이 몹시 편찮으셨다.

3) 달이 주어나, 목적어가 되는 경우: 달 이름, 또는 le mois de + 달 이름

   Juin va bientôt finir.
   6월이 얼마 안 있어 끝난다.
   Le mois d'octobre a été pluvieux cette année.
   올해 10월은 비가 많이 왔다.
   On n'a pas vu passer le mois de décembre.
   앗 하는 사이에 12월이 지나고 말았다.

   ※주의: 달 이름은 단독으로 쓰이는 경우, 정관사를 붙이지 않음.
   J'aime tous les mois sauf | août.
                             | le mois d'août.
                             | × l'août.
   나는 8월을 제외하고 어느 달도 다 좋다.

4) 몇 월 달에 : en + 달 이름 또는, au mois de + 달 이름
   ▷ Le Tour de France a lieu quel mois?
      뚜르 드 프랑스(프랑스 일주 자전거 경기)는 몇 월 달에 하나?
   ▶ Au mois de juillet.
      7월에.

La plupart des Parisiens prennent leurs vacances en août.
빠리 사람들 대부분이 8월에 휴가를 갖는다.

Aux États-Unis, les nouveaux présidents entrent en fonction au mois de janvier.
미국은, 대통령이 1월에 취임한다.

▷ Quel mois y a-t-il le plus de neige pour skier?
몇 월 달이, 스키 타는 데 알맞게 눈이 제일 많이 오는가?

▶ En décembre, janvier et février.
12월, 1월, 2월이다.

※ 주의: ① au + 달 이름은 사용하지 않음.
② quel mois 앞에는 전치사 en 불필요.

Il commence à travailler chez IBM en avril prochain.
그는 오는 4월부터 IBM에서 근무 시작한다.

5) 몇 월 달부터 몇 월 달까지: 〔de + 달 이름 à + 달 이름〕 또는
〔du mois de + 달 이름 + au mois de + 달 이름〕

Aux États-Unis, l'année scolaire va de septembre à juin.
미국은 학년이 9월부터 6월까지이다.

Elle a voyagé en Austrailie du mois de mars au mois de septembre.
그녀는 3월부터 9월까지 호주를 여행했다.

2. ...부터, ...이래로
1) "...한지 얼마(기간) 가 된다"와 "...이래로(시점)...하고 있다"는 전치사
   depuis를 사용하여 같은 형식으로 표현할 수 있다.
   ...한지 얼마가 된다.
   ⇒ 동사(현재형) + depuis + 수 형용사 + 기간을 나타내는 어귀
   ...이래로 죽 ...하고 있다.
   ⇒ 동사(현재형) + depuis + 수 형용사 + 시점을 나타내는 어귀

(1) 동사(현재형) + depuis + 수 형용사 + 기간을 나타내는 어귀

J'habite à Paris depuis 10 ans.
나는 빠리에 산지, 10 년이 된다.

▷ Tes parents sont mariés depuis combien de temps?
너 부모님은 결혼한지 얼마나 되었니?

▶ Depuis vingt-deux ans.
22년 되었어.

※주의: ① 긍정문에서만 사용한다.
② 영어와는 달리, 동사는 현재형을 취한다.
내가 그들을 안지 오래되었다.
Je les connais depuis de nombreuses années.

※ 비교: Il est sans connaissance depuis vingt minutes.
그는 20 분 전부터 의식불명이다.
Il est resté sans connaissance pendant vingt minutes.
그는 20분 동안, 의식불명이었다.

(2) 동사(현재형) + depuis + 수 형용사 + 시점을 나타내는 어귀

Monsieur Therrine est à la retraite depuis 1991.
떼린느씨는 1991년부터 은퇴해 있다.

J'ai mal au dos depuis ce matin.
나는 오늘 아침부터 등이 아프다.

Pauline fait du ballet depuis l'âge de 5 ans.
뽈린느는 다섯 살 때부터 발레를 하고 있다.

※ 비교: J'ai une migraine depuis deux jours.
나는 이틀 전부터 두통이 있다.
J'ai une migraine depuis hier.
나는 어제부터 두통이 있다.

2) depuis + SN

Depuis ma blessure, j'ai du mal à marcher.
다치고 난 후, 걷기가 힘들다.

Minou fait du taekwondo depuis son enfance.
어릴 때부터, 민우는 태권도를 하고 있다.

Il fait du foot depuis son temps de lycée.
그는 고교 시절부터 축구를 하고 있다.

3) 동사(반과거) + depuis + SN

J'étais souffrante depuis le début du voyage.
나는 여행 초기부터 아팠다.

Elle était couchée depuis une heure quand son marie est rentré.
그녀가 잠자리에 들어 누운 지 한 시간쯤 지나자, 남편이 돌아왔다.

4) 특정의 동사 (복합과거) + depuis + SN

Il est resté paralysé depuis son accident.
그는 사고를 당한 이후, 계속 마비된 상태에 있다.

Sandrine est demeurée en bonne santé depuis ce jour-là.
쌘드린느는 그 날 이후, 계속 건강을 유지하고 있다.

※ 특정의 동사: demeurer, rester

5) ne + 동사 (복합과거) + pas depuis + SN 〔depuis que + 절〕

Je n'ai pas parlé italien depuis que j'ai quitté Milan.
밀라노를 떠난 이후, 나는 이탈리아어를 말하지 않고 있다.

Elle n'a pas recommencé à travailler depuis la naissance de son aîné.
그녀는 맏아들이 나고 부터, 다시 취업하지 않고 있다.

Je ne suis pas retourné dans ma région depuis longtemps.
나는 고향에 돌아가지 않은지가 오래되었다.

※ ① 부정형으로는 복합과거형만 쓴다.
② 특히, 동작을 표현하는 동사와 함께 쓴다.

6) ne + 동사(현재형) + plus depuis + SN

　　Je ne fume plus depuis mon infarctus.
　　심근경색이 있는 이후, 나는 담배를 피우지 않고 있다.
　　Elle ne travaille plus depuis ses maternités.
　　출산하고부터, 그녀는 일을 그만 두고 있다.
　　비교 : Je joue au bowling depuis l'âge de 15 ans.
　　　　　나는 15세 때부터 볼링을 하고 있다.
　　　　　Je n'ai pas joué au bowling depuis trois ans.
　　　　　(= Je ne joue plus au bowling depuis trois ans.)
　　　　　나는 3년 전부터, 볼링을 그만 두고 있다.

7) à partir de + 때를 나타내는 어귀 +
　 (jusqu'à + 때를 나타내는 어귀)

　　À partir d'aujourd'hui, nous avons un nouveau numéro de téléphone.
　　오늘부터, 우리 집은 새 전화 번호를 갖게 된다.
　　L'école sera fermée à partir du 20 juillet jusqu'au 10 septembre
　　7월 20일부터 9월 10일 까지 학교는 문을 닫는다.

8) depuis que + SN + 동사(복합과거)

　　Elle boite depuis qu'elle s'est cassé un pied.
　　그녀는, 한 쪽 발목이 부러진 이후, 다리를 절고 있다.
　　Je ne l'ai pas revu depuis que nous avons eu la réunion de classe.
　　반창회 이후, 나는 그를 다시 보지 못했다.

9) depuis que + SN + 동사(현재·반과거)

　　Il fait du foot depuis qu'il est lycéen.
　　그는 고등학생이 되고 부터 축구를 하고 있다.
　　Il s'intéresse à la musique classique depuis que Madame Martin

la lui enseigne.
마르땡 부인으로부터 배우고 난 이후로 그는 고전음악에 흥미를 갖고 있다.

Depuis qu'il habite dans ce quartier, il a des difficultés respiratoires.
이 동네에 살고부터, 그는 호흡에 곤란을 느끼고 있다.

Depuis qu'il faisait du ski, il avait toujours désiré skier à Chamonix.
스키를 하게 된 이후, 그는 늘, 샤모니에서 스키 타기를 바랐었다.

10) depuis quand

▷ Vous travaillez à cette traduction depuis quand?
이 번역 작업 언제부터 하고 있습니까?

▶ Depuis l'été dernier.
지난 여름부터입니다.

▷ Tu ne te sens pas bien depuis quand?
언제부터 컨디션이 좋지 않아?

▶ Depuis que la saison des pluies a commencé.
장마가 시작되고부터.

3. ...하는 동안, ...동안

1) 동사(복합과거·미래형) + pendant + [수 형용사 + 기간 명사]

Ma famille a habité (à) Paris pendant quatre ans, de 1985 à 1989.
우리 가족은 1985년에서 1989년까지 4년간 빠리에서 살았다.

Monsieur Xavier sera absent (pendant) les deux premières semaines de février.
그자비에씨는 2월 첫 두 주간은 쉴 것입니다.

Pendant une minute, tout le monde s'est tu.
일분간, 모든 사람들은 침묵했다.

Rem. pendant이 [수 형용사+ 기간 명사]와 함께 쓰일 때, 다음의 조건을 충족시킬 때, 생략이 가능하다.

a. 동사가 긍정형일 때.

b. [수 형용사 + 기간 명사]가, 동사 또는, [être + 형용사] 바로 뒤에 올 때.

Le médecin a dit à Flore qu'elle ne pourrait pas marcher pendant trois jours.

의사는 플로르에게, 사흘동안은 걸으면 안 될 거라고 말했다.

Nous avons roulé (pendant) trois heures sans arrêt.

Nous avons roulé sans arrêt pendant trois heures.

우리들은 세 시간을 쉬지 않고, 차를 몰아 달렸다.

비교 :

À l'université, j'ai étudié l'espagnol pendant trois ans.

대학에서 3 년간 나는 스페인어를 공부했다.

J'étudie l'espagnol depuis trois ans. Ça me plaît beaucoup.

3년 전부터 스페인어를 하고 있는데, 아주 마음에 든다.

2) pendant + SN

Tu t'es bien amusé pendant ton séjour en Italie?

이탈리아에 가 있는 동안 재미있게 놀았니?

Qu'est-ce que vous faites pendant votre temps libre?

여가 시간에 당신은 뭐 하세요?

Pendant mon absence, vous trouverez tout ce qu'il faut pour manger, dans le frigo.

내가 집을 비울 동안, 냉장고에 먹을 것이 다 있으니, 찾아 드세요.

Il dort peu pendant la nuit mais beaucoup pendant la journée.

그는 밤에 거의 잠을 자지 않고 낮에 많이 잔다.

3) pendant + 소유 형용사 + 특정의 명사

dans + 소유 형용사 + 특정의 명사

(1) pendant + 소유 형용사 + 특정의 명사

Je me suis beaucoup disputé avec mon frère pendant mon enfance.

나는 어린 시절에 동생과 많이 싸웠다.

※특정의 명사 : enfance, adolescence

(2) dans + 소유 형용사 + 특정의 명사

Dans sa vie, il a rencontré des tas de gens célèbres.

그는 일생 동안, 많은 명사들을 만났다.

※특정의 명사 : jeune temps, jeunesse, vieillesse, vie, jeune âge

※주의 : enfance와 adolescence에는 (1)과 같이 pendant을 사용.

Il était malingre | dans sa jeunesse.
pendant son adolescence.
× dans son adolescence.

그는 젊은 시절, 몸이 약했다.

4) dans + 정관사 + 특정의 명사 : ...기간 동안에, ...중에

Hier, j'ai travaillé dans la soirée.

어제 나는, 밤늦게 까지 일했다.

La première conférence aura lieu dans la matinée du premier jour.

첫 회의가 첫날 오전 중에 열릴 것이다.

Hier, dans la journée, j'ai attrapé froid.

Dans la journée d'hier, j'ai attrapé froid.

어제 낮 중에, 나는 감기에 걸렸다.

Pouvez-vous me le [la] livrer dans la journée?

오늘 중으로 배달해 줄 수 있겠습니까?

La température a augmenté dans l'après-midi.

오후 사이에 온도가 올라갔다.

※특정의 명사 : matinée, journée, soirée, nuit,
avant-midi, après-midi 등

※주의 : 이 경우, "...동안 죽"이라는 의미는 되지 않음.

5) dans les + 특정의 명사

Les réactions de la malade devraient s'améliorer dans les prochaines semaines [dans les semaines qui viennent].

환자의 반응은, 요 몇 주 사이에 호전될 것입니다.

On ne peut pas dire que nous nous attendions à la destruction du mur de Berlin dans les mois qui l'ont précédée.

베를린 장벽이 무너지리라고, 사건 몇 달 전에는, 우리들은 예상하지 못했었다.

※특정의 명사 : jours, semaines, mois, années, siècles 등

※반드시, derniers, prochaines, qui viennent, qui viendront, à venir와 같은 수식어와 함께 사용.

4. ...전까지

1) avant + 시점의 표현

Tout sera prêt avant dimanche.

일요일 전까지 모든 것이 준비될 것이다.

N'oublie pas de remettre ton travail au professeur avant mercredi.

숙제를 수요일 전까지 [늦어도 화요일까지] 선생님께 제출하는 것을 잊지 말도록 해라.

※우리말에서 "일요일까지"라 하면, 일요일이 포함되지만, 프랑스어에서 avant dimanche의 경우는 일요일이 포함되지 않고, "토요일까지"를 의미함.

2) ne...pas avant + 시점의 표현

Nous ne commencerons pas avant 14 h.

14시가 되어야 시작합니다.

Ma tante Sylvie n'a pas pu se marier avant l'âge de 40 ans.

씰비 아주머니는 40세가 되어서야 비로소 결혼할 수 있었다.

※비교:

① Est-ce que mon pantalon sera prêt | avant vendredi?
　　　　　　　　　　　　　　　　　　　| pour vendredi?

내 바지, | 목요일까지 | 되겠습니까?
　　　　　 금요일에는

② Votre pantalon ne sera pas prêt | avant vendredi.
　　　　　　　　　　　　　　　　　　 pour vendredi.

당신 바지는 | 목요일까지는 | 안 됩니다.
　　　　　　　 금요일에는

③ Maman, | je serai de retour | avant 10 h.
　　　　　　　　　　　　　　　 pour 10 h.
　　　　　　　　　　　　　　　 pas plus tard que 10 h.
　　　　　　　　　　　　　　　 × jusqu'à 10 h.

　　　　　　| je ne serai pas de retour | avant 10 h.
　　　　　　　　　　　　　　　　　　　　× jusqu'à 10 h.
　　　　　　　　　　　　　　　　　　　　× pour 10 h.

엄마, | 10 시 전 까지는 | 집에 돌아 와요.
　　　 10 시에는
　　　 늦어도 10 시에는

엄마, 10 시 전 에는 집에 못 돌아와요.

3) avant + 기간의 표현 : "... 이내에"

Je lui ai promis de finir de taper son manuscrit avant trois jours.
사흘 안에 그의 수기 원고를 타이핑해 준다고 그에게 약속했다.
Il faut terminer ce roman avant une semaine.
일주일 이내에 이 소설을 다 읽어야 한다.
※ 비교 : 표현에 따라서는 "시점"과 "기간", 둘 다, 될 수 있는 경우가 있음.

Reviens ici avant	2h.
	deux heures.

2시 전 까지	여기 다시 와.
2시간 이내에	

※ "…이내에"에 해당되는 다른 표현들

    expédié dans les 24 heures 24 시간 이내 발송

    (cf: dans 24 heures 24 시간 이후에⇒ ③. 5. 8)참조)

    Nous vous ferons part de notre décision sous huit jours.
    우리들의 결정을 일 주일 안에 알려 드리겠습니다.

4) ne … pas avant + 기간의 표현

    On n'aura pas de réponse avant une ou deux semaines.
    1, 2주 후에 라야, 회신을 받을 수 있을 거야.

5) jusque + 전치사 + 시점의 표현

    J'ai veillé jusqu'à 4 h ce matin pour préparer l'examen.
    시험 준비한다고, 오늘 아침 4시까지 잠을 안 잤다.
    Il dit qu'il est libre jusqu'à lundi.
    그 사람, 월요일까지 시간이 있다고 한다.

    ※ 비교

        Je ne pourrai pas vous voir demain.

J'ai un travail à finir	avant	mercredi
	pour	
	× jusqu'à	

        나는 내일 당신을 만날 수 없습니다.

화요일까지	끝내야 할 일이 있습니다.
수요일에는	

        J'ai certainement du travail jusqu'à mercredi.
        수요일까지는 일이 있는 게 확실하니까요.

6) ne...pas jusque + 전치사 + 시점의 표현

Il n'a rien pu se mettre dans l'estomac jusqu'à l'examen médical.
검진을 받을 때까지 그는 아무 것도 먹을 수 없었다.
※ 비교:

Je n'ai pas pu m'endormir | jusqu'à 1 h.
                          | avant 1 h.

Il y avait un bruit infernal chez la voisine.

나는 | 밤 1 시까지 잠을 잘 수가 없었다.
     | 밤 1 시전에는 잠을 잘 수가 없었다.

옆에 사는 여자 집에서 무지막지하게 떠들어서.

Je n'ai pas pu dormir jusqu'à 10 h ce matin comme je le voulais.
오늘 아침은 10시까지 자고 싶었지만 그렇게 할 수 없었다.

7) 특정의 동사 + jusque + 전치사 + 시간의 표현 + pour + inf.

Vous avez jusqu'à vendredi pour finir cette traduction.
금요일까지 이 번역을 끝내면 좋겠습니다.

Je vous donne jusqu'à demain pour me répondre. Après, il sera trop tard.
내일까지 당신 대답을 기다리겠습니다. 이 이후는, 너무 늦어 안됩니다.
※특정의 동사: avoir, donner, laisser, accorder 등등

5. ...후에, ... 가 지나서

1) après + SN

Je l'ai vu une fois après son départ.
나는 그가 떠난 뒤, 그를 한 번 본 적이 있다.

Je serai libre un peu après trois heures.
3시 이후에는 약간 시간이 날 것이다.

2) SN + après + SN

   Nous nous sommes mariés le dimanche après Pâques.
   우리는 부활절 다음 일요일에 결혼했다.
   L'année après la mort de sa femme, il est devenu ébéniste.
   그는 부인이 죽고 난 그 다음해에 가구 만드는 장인이 되었다.

3) après être/s'être/avoir+ 과거분사

   Après être entré dans cette école, je l'ai bien regretté.
   이 학교에 입학하고 난 뒤, 나는 입학한 것을 상당히 후회했다.
   Je me sens revivre après m'être baigné.
   목욕을 하고 난 후에는 다시 살아난 기분이다.
   Tu pourras sortir seulement après avoir déjeuné.
   점심을 먹고 난 뒤에야, 나가도 좋아.

4) 수 형용사 + 시간 명사 + | après
                                  | plus tard

   Une semaine après, il est allé voir le médecin.
   일 주일 후, 그는 의사의 진찰을 받으러 갔다.

   Louis XVI fut incarcéré au Temple le 13 août 1792.
   Cinq mois plus tard, le 21 janvier 1793, il fut guillotiné.
   루이 16세는 1792년 8월 13일, 땅쁠 감옥에 투옥되었다가 5개월 후,
   1793년 1월 21일에 단두대에서 처형되었다.
   ※ 참고: 역사적인 기술에는, 보통 plus tard를 사용.

5) 수 형용사 + 시간 명사 + après + SN

   Trois ans après la naissance de Sandrine, j'ai eu Dominique.
   쌍드린느가 태어난 지 3년이 지나서 나는 도미니끄를 얻었다.

6) 특정의 표현 + après

Ils ont acheté une maison à Vincennes. Mais peu de temps après, le mari est décédé.
그들은 뱅쎈느에 집을 하나 샀다. 그런데, 그 후 얼마 되지 않아, 남편이 타계했다.

Longtemps après, je me suis rappelé ce qu'il m'avait dit ce jour-là.
한 참 오래된 뒤에, 나는 그날 그가 나에게 한 이야기가 다시 생각이 났다.
※특정의 표현: peu (de temps), longtemps, quelque temps, un certain temps 등

7) 동사 + plus tard

Il a dit qu'il allait revenir plus tard.
그는 좀 더 있다가 돌아올 것이라고 말했다.
Il ne faut pas dire : l'enfant l'apprendra plus tard.
이런 말을 해서는 안 된다. 어른이 되면 알게 될 거라고.

8) dans + 수 형용사 + 시간 명사

Votre robe sera prête dans une semaine.
당신 드레스는 1 주일 후에, 될 것입니다.
Regarde les cerisiers. Dans dix jours, leurs fleurs auront disparu.
이 벗나무들 보게. 10일 이후는 꽃이 다 떨어질 거야
※현재를 기준으로 사용.
※비교:

Paul est parti pour les États-Uns et il va rentrer | dans un mois.
| × après un mois.
| × un mois après

뽈은 미국으로 떠났는데 한 달 후에 돌아올 것이다.

Paul était parti pour les États-Unis et il devait rentrer
un mois après [plus tard].
뽈은 미국으로 떠나 한 달 후 돌아오기로 되어 있었다.

◉ 제 3 장 신체기관 명사 구문 ◉

① avoir + (부정관사·정관사) (형용사) + 신체기관 (형용사)

　어떤 사람의 신체적 특징을 이야기할 때, 부정관사는 개체적 특징을, 정관사는 어떤 전형에 소속되어 있음을 나타낸다.

　1. 정관사, 부정관사가 큰 차이 없이 쓰이는 경우:

　　　Elle a le visage assez long. Elle a un visage assez long.

　　　그 여자는 얼굴이 길다.

　　　Elle a les yeux bleus. Elle a des yeux bleus.

　　　그 여자는 눈이 파랗다.

　2. 형용사가 명사 앞에 놓일 때는 부정관사만 가능:

　　　Elle avait de longs cheveux.

　　　Elle avait les cheveux longs.

　　　그녀는 긴 머리를 하고 있었다.

　3. 정관사는 어떤 전형을 가리키기 때문에, "예쁜" 따위의 형용사는 개인의 주관적 평가에 속하므로, 정관사를 쓸 수 없고 부정관사만 쓴다:

　　　그녀는 눈이 예쁘다 : Elle a de beaux yeux.

　4. 속사 대 부가형용사.

　　형용사가 정관사와 결합되어 있는 경우는 속사이고, 부정관사와 결합되어 있는 경우는 부가형용사이다. 따라서 아래 두 문장은 뜻이 달라진다.

　　　Il a les cheveux blancs. … ①

　　　Il a des cheveux blancs. … ②

　　문장 ① 의 경우, les cheveux (à lui sont) blancs으로 속사이므로, 그의 머리 전체가 다 흰 것을 말하고, 문장 ②의 blancs는 부가형용사의 기능을 하므로, "그는 흰 머리카락들을 가지고 있다"는 직역에서 "그는 흰머리가 희끗희끗하다"는 뜻이다.

5. 정관사, 부정관사 사용이 숙어적 용법으로 차이를 나타낼 때도 있다.
   Il a le bras long. 그는 마당발이다; 유력자와 유대관계가 있다. (은유적 의미)
   Il a de longs bras. 그는 팔이 길다. (신체적 특징)

6. 신체기관의 특징이 영원한 것이 아닐 **때**에는, 7.의 경우를 제외하고 반드시 정관사만 써야 한다. 수식어로서 여러 형태가 올 수 있다.
   ○ J'ai les jambes lourdes. 나는 다리가 무겁다.
   ○ J'ai les doigts engourdis de froid.
     추워서 손가락에 감각이 없다.
   ○ J'avais le coeur battant en attendant mon tour.
     나는 내 차례를 기다리면서 가슴이 뛰고 있었다.
   ○ J'ai le dos qui me gratte.
     나는 등이 가렵다.

7. 같은 종류의 신체기관 중 일부만이 문제가 되었을 때:
   Il a une main écorchée. 그는 한쪽 손이 까졌다.
   Il s'est cassé une jambe en jouant au foot.
   그는 축구하다가 한쪽 다리가 부러졌다.

2 avoir + *qch* + 전치사 + 정관사 + 신체기관
   전치사 다음에 오는 신체기관이 주어의 것임을 표시.
   ○ Tu as encore mal aux yeux?
     여전이 눈이 아프니?
   ○ J'ai des démangeaisons dans le dos.
     나는 등이 가려워.
   ○ L'agent de police a un pistolet à la ceinture.
     경관이 허리에 권총을 차고 있다.
   ○ J'ai eu une crampe à la jambe en nageant.
     나는 수영하다가 쥐가 났다.

3 인칭대명사(간접목적 보어) + 동사 + (전치사) + 정관사 + 신체기관

간접목적보어 인칭대명사가 신체기관의 주인.

1. 인칭대명사 (간접목적보어) + 정관사 + 신체기관 명사 (직접목적보어)
   - Le chien me lèche les paumes, ça (me) chatouille.
     개가 내 손바닥을 핥는데, 간지럽다.
   - Coupez-moi les cheveux bien court.
     머리를 짧게 깎아 주세요.
   - Ne me tire pas la main aussi fort.
     (내) 손을 그렇게 세게 잡아당기지 마라.
   - Les paroles du professeur lui ont remonté le moral.
     선생의 말이 그에게 용기를 북돋아 주었다.
   - La fumée me pique les yeux.
     연기가 눈을 찌른다.

2. 인칭대명사(간접목적보어) + 전치사 + 정관사 + 신체기관 명사
   - Une idée m'est venue à l'esprit.
     한 아이디어가 나의 머리 속에 떠올랐다.
   - La sueur lui coulait dans les yeux.
     땀이 그(녀)의 눈 속으로 흘러 들어가고 있었다.
   - Elle a les cheveux qui lui descendent [tombent] jusqu'aux reins.
     그녀의 머리는 허리까지 내려온다.
   - Quelqu'un m'a marché sur le pied.
     누가 나의 발을 밟았다.

3. 신체기관의 명사의 개념에서 확장된 명사.
   - Il m'a sauvé la vie.
     그는 나의 목숨을 구해 주었다.

4 동사 + 정관사 + 신체기관

신체기관을 사용한 특정의 행동, 동작, 행위를 말하는 것으로 동작주체와는 무관함.

- détourner les yeux 외면하다.
- étendre le bras (물건을 집으려고) 팔을 뻗다.
- (ne...pas)fermer l'oeil 잠을 자지 않다
    - J'ai été harcelé par les moustiques, si bien que je n'ai pas pu fermer l'oeil de la nuit.

    모기에 하도 시달려서, 밤새, 눈을 붙일 수가 없었다.
- fermer les yeux 눈을 감다; 눈감아 주다(묵인하다)
    - Je ferme les yeux pour cette fois, mais la prochaine fois ça ne se passera pas comme ça.

    이번에는 내가 봐 주지만, 다음 번에, 이렇게 안 넘어 갈거야.
- hausser les épaules 어깨를 들썩이다.
- hocher la tête 고개를 젓다.
- lever le doigt 손가락을 들어올리다.
    - Levez le doigt, ceux qui sont d'accord.

    찬성하는 사람, 손가락을 들어 의사 표시해 보세요
- mettre les pieds 발을 디디다.
    - C'est en 1965 qu'elle a mis pour la première fois les pieds aux Etats-Unis.

    1965년에 처음으로 그녀는 미국에 발을 디뎠다.
- ouvrir la bouche 입을 열다.
- serrer les dents 이를 꽉 깨물다.
    - Il a enduré la douleur en serrant les dents.

    그는 이를 꽉 깨물고 고통을 참았다.
- serrer les lèvres 입술을 꽉 깨물다.
- tirer la langue 혀를 내밀다.
    - Elle tire la langue à chaque fois qu'elle fait une faute.

    그녀는 틀릴 때마다, 혀를 내민다.

5 (사람·동물) + 대명동사 + 정관사 + 신체기관

　Maria se teint les cheveux en blond clair.
　마리아는 밝은 금발로 염색한다.
　Je me suis pris le doigt dans la porte.
　나는 손가락이 문에 끼였다.
　Essuie-toi le visage avec ma serviette.
　　내 타월로 얼굴을 닦아라.

기타 중요 표현 :
- se boucher le nez /les oreilles 코/귀를 막다.
- se brosser les dents 이를 닦다.
- se brosser les cheveux 머리를 빗다
- se casser la jambe 다리가 부러지다.
- se cogner la tête 머리를 받다.
- se couper le doigt 손가락을 짤리다; 손가락을 베다.
- se couper les ongles 손톱을 깎다.
- se croiser les bras 팔짱을 끼고 아무 것도 안 하다.
- se creuser la cervelle 머리를 쥐어짜다.
- s'écorcher le genou 무릎이 까지다.
- s'éponger la sueur 눈물을 닦다.
- s'exercer l'oreille 듣는 훈련을 하다.
- se farder les lèvres 입술에 루즈를 바르다
- se frotter les mains [les yeux] 손 [눈]을 비비다.
- se laver le visage/les mains/les pieds. 얼굴/손/발을 씻다.
- se masser le visage 얼굴을 마시지하다.
- se masser les mains et les pieds. 손과 발을 주무르다.
- se mordre les lèvres 입술을 깨물다.
- se ronger les ongles 손톱을 물어뜯다.
- se piquer le doigt 손가락이 찔리다.

○ Je me suis piqué le doigt par inadvertance avec une aiguille.
  잘못해서 바늘에 손가락을 찔렸다.
- se salir les mains 손을 더럽히다.
- se serrer la main 악수하다.

6 동사 + 사람 + 전치사 + 정관사 + 신체기관 명사

○ Un chien l'a mordu au mollet.
  개가 그의 장딴지를 물었다.
○ Sa femme le mène par le bout du nez.
  그의 부인이 그를 이래라, 저래라 한다.
○ La mère a pris son enfant par la main et a traversé la rue.
  어머니가 아이의 손을 붙잡고 길을 건넜다.
○ Il m'a saisi par le bras et m'a empêché de rentrer.
  그가 나의 팔을 붙잡아, 다시 들어가지 못하게 했다.
○ Les enfants sont allés à l'école en se tenant par la main.
  아이들은 서로 손을 잡고 학교에 갔다.

7 신체기관 명사 + 인칭대명사(간접목적보어) + 동사

○ Le coeur me battait très fort.
  나의 심장의 박동이 거세졌다.
○ Les yeux me piquent.
  눈이 쑤신다.
○ Le genou me fait mal.
  무릎이 아프다.

8 주어 명사 이외에서의 소유형용사의 사용.

1. 애매함을 피하기 위하여

    ○ Qu'est-ce que tu as? Tu as avalé ta langue?
    무슨 일이야? 말이 없네.

    ○ Il a posé les mains sur ses épaules.
    그는 그의 양손을 그(녀)의 어깨에 놓았다.

    ○ Personne ne pouvait savoir ce qui se passait dans sa tête ni dans son coeur.
    그(녀)의 머리 속에서, 또한 그(녀)의 마음 속에서 무엇이 일어나고 있는지 아무도 알 길이 없었다.

2. 강조

    ○ Donne-moi la [ta] main, Aline.
    알린느, 좀 도와 줘.

    ○ Il a plongé les [ses] mains dans l'eau.
    그는 물에 손을 담갔다.

연 습 문 제

아래 우리말을 프랑스어로 표현해 보세요

1. 그 여자는 다리가 예쁘다.
   (예쁜: beau/ 다리: jambe)

2. 나는 감기가 들어, 머리가 무겁다.
   (attraper/rhume/et/tête/lourd)

3. 그의 머리는 완전히 헝클어져 엉망이다.
   (완전히tout / 헝클어진ébouriffé)

4. 여기 다시, 발 들여놓지 마.
   (ne...plus/remettre/pied/ici)

5. 나는 잘못해서 바늘에 손가락을 찔렸다.
   (piquer/doigt/aiguille/par inadvertance)

6. 갑자기, 누가 내 어깨를 툭 쳤다.
   (Tout à coup/quelqu'un/taper sur/épaule)

7. ▷내 눈 빨갛지 않니?
   ▶ 쪼끔. 확 드러나지 않아. À peine. Ça ne se voit pas.

8. 연기가 눈을 찌른다.
   (fumée/piquer/yeux)

9. 그렇게 더러운 손으로 눈을 비비지 마.
   (frotter/yeux/main/sale)

10. 이 손수건으로 땀을 닦아.
    (éponger/sueur/mouchoir)

11. 그 사람, 입 냄새가 난다. (냄새가 나다: sentir)

12. 그는 5분마다 머리를 긁는 이상한 버릇이 있다.
    (avoir le tic/gratter/tête)

13. 다리에 쥐가 납니다.
    (avoir/fourmi/jambe)

14. 나는 만원 전철에서 발을 밟혔다.
    (marcher/sur/pied/train/qui/être/bondé)

15. 요금을 안 내었다고, 가스가 끊겼다.
    (on/couper/gaz/parce que/ne...pas/régler/factures)

16. 그 순간, 아버님의 말씀이 (나의) 머리 속에 떠올랐다.
    (À ce moment/paroles de mon père/venir/esprit)

17. 나는 충치를 뽑으러 치과에 갔다.
    (aller/dentiste/arracher/une dent cariée)

18. 나는 벌한테 팔을 쏘였다.
    (piquer/bras/guêpe)

19. 머리를 짧게 깎고 학교에 가니, 모두들 나를 놀렸다.
    (quand/aller/école/après/couper/cheveux/court/tout le monde/se moquer)

20. 선생님이, 보기 흉하다고, 나보고 머리 깎으러 가라고 하셨다.
    (professeur/dire/aller/couper/cheveux/parce que/c'est/ne...pas/beau/voir)

◆ 제 3 장 신체기관 명사 구문 연습문제 정답

1. Elle a de belles jambes.
2. J'ai attrapé un rhume et j'ai la tête lourde.
3. Il a les cheveux tout ébouriffés.
4. Ne remets plus les pieds ici.
5. Je me suis piqué le doigt par inadvertance avec une aiguille.
6. Tout à coup, quelqu'un m'a tapé sur l'épaule.
7. ▷ Je n'ai pas les yeux rouges?
   ▶ À peine. Ça ne se voit pas.
8. La fumée me pique les yeux.
9. Ne te frotte pas les yeux avec des mains aussi sales.
10. Éponge-toi la sueur avec ce mouchoir.
11. Il sent mauvais de la bouche.
    = Il a mauvais haleine.
12. Il a le tic de se gratter la tête toutes les cinq minutes.
13. J'ai des fourmis dans les jambes.
14. Je me suis fait marcher sur les pieds dans le train qui était bondé.
15. On m'a coupé le gaz parce que je n'avais pas réglé mes factures.
16. À ce moment, les paroles de mon père me sont venues à l'esprit.
17. Je suis allé(e) chez le dentiste me faire arracher une dent cariée.
18. Je me suis fait piquer au bras par une guêpe.
19. Quand je suis allé à l'école après m'être fait couper les cheveux court, tout le monde s'est moqué de moi.
20. Le professeur m'a dit d'aller me faire couper les cheveux parce que ce n'est pas beau à voir.

● 제 4 장. 비슷한 의미 동사 ●

(1) 가까이 가다(오다) approcher / s'approcher / rapprocher / se rapprocher
(2) 가르쳐 주다 apprendre / enseigner / montrer / expliquer
(3) 결혼하다, 이혼하다 marier / divorcer
(4) 데려다 주다 amener / emmener / ramener
(5) 듣다, 들리다 entendre / écouter
(6) 마시다, 복용하다 boire / prendre
(7) 말하다, 이야기하다 dire / parler / raconter
(8) 먹다, 식사를 하다 manger / prendre
(9) 묻다, 질문하다 poser des questions / interroger
(10) 바꾸다 changer
(11) 방문하다 visiter / rendre visite / aller voir
(12) 보다, 보이다 regarder / voir
(13) 알고 있다 savoir / connaître
(14) 오다 venir / arriver
(15) 외국어를 말하다 parler
(16) 이기다 battre / gagner
(17) 재미나게 놀다 bien s'amuser / passer un bon moment
(18) 정하다, 결정하다 décider / fixer
(19) 찾다, 구하다 chercher / trouver
(20) 오다, 가다의 뜻으로 다 쓰일 수 있는 venir

(1) 다음 문장에서 잘못된 부분이 있으면 고치시오

    A. Maurice s'est approché à moi d'un air soupçonneux.

        모리스는 나를 못 믿어 하는 모습을 보이면서 나에게로 다가왔다.

    B. La date de nos examens s'approche, hélas!

        시험 날짜가 다가오는 구나.

    C. Le ski nous a approchés de lui.

        스키로 해서, 우리들은 그와 친하게 되었다.

(2) 다음 문장에서 괄호의 단어 중, 가장 적절한 것을 고르시오

    A. C'est mon oncle qui m'a (appris/enseigné/montré/expliqué) à conduire.

        나에게 운전을 가르쳐 준 사람은 나의 아저씨이다.

    B. Est-ce que tu peux me (apprendre/enseigner/montrer) comment 〔je dois〕 faire marcher la machine à laver?

        세탁기를 어떻게 돌리는지 가르쳐 줄 수 있겠니?

    C. Monsieur Dubois va nous (apprendre/enseigner/montrer/expliquer) la philosophie l'an prochain.

        뒤부아 선생이 내년에 우리들에게 철학을 가르치게 될 거야.

    D. Est-ce que vous pouvez me (apprendre / enseigner / montrer / expliquer) la différence entre "savoir" et "connaître"?

        savoir와 connaître의 차이점을 가르쳐 줄 수 있겠습니까?

(3) 다음 문장 중에서 잘못 된 부분이 있으면 고치시오

    A. Madame Martin cherche à épouser son fils; vous ne connaîtriez pas quelqu'un?

        마르땡 부인이 자기 아들을 결혼시키려고 하는데, 누구 아는 사람 있습니까?

    B. Il a marié avec une de ses secrétaires, mais il a divorcé peu de temps après.

        그는 자기 비서 중 한 명과 결혼했는데 얼마 가지 않아 이혼했다.

C. ▷ Ils se sont mariés depuis quand?
　　　　▶ Depuis le premier août de cette année.
　　　　▷ 그들은 언제부터 부부가 되었나?
　　　　▶ 올해, 8월 1일부터.
　　D. Ils étaient mariés depuis quinze ans et ils se sont divorcés.
　　　그들은 결혼한지 15년이 되어 이혼했다.
　　E. Elle a divorcé son mari parce que son mari avait une liaison.
　　　그녀는 남편이 바람을 피워 이혼했다.

(4) 다음 문장에서 괄호 안의 두 낱말 중 알맞은 것을 고르시오
　　A. Maman, est-ce que je peux (amener/emmener) Francis à la maison?
　　　엄마, 프랑씨스를 집에 데리고 와도 괜찮아요?
　　B. Papa, (amène/emmène)-moi au Disneyland, s'il te plaît.
　　　아빠, 디즈니랜드에 데려다 줘요.

(5) 다음 문장의 괄호 속에 entendre, écouter를 문장의 뜻에 맞게 알맞은 꼴로 만들어 넣으세요
　　A. (　　　) bien ce que je vais te dire.
　　　내가 하는 말 잘 들어봐.
　　B. Il parle si bas qu'on a de la difficulté à l'(　　　)
　　　그 사람은 목소리가 너무 작아 알아듣기에 힘들다.
　　C. Chut ! J'ai (　　　) un drôle de bruit.
　　　쉿. 이상한 소리가 났다.
　　D. Je l'ai (　　　) se plaindre pendant une heure.
　　　나는 한 시간이나 그 사람이 불평하는 소리를 들었다.

(6) 아래 문장에서 틀린 곳이 있으면 바로 고치시오

    A. Paul, mange ta soupe sinon tu n'auras pas de dessert.
       뽈, 수프 안 먹으면 디저트 안 줄 꺼야.

    B. Il ne boit jamais de potage.
       그는 뽀따쥐 수프는 절대로 안 먹는다.

    C. Madame, vous boirez deux de ces comprimés avant de vous coucher.
       부인, 이 알약 중 2개를 취침 전에 드세요.

    D. Les médecins disent que ce n'est pas bon de trop boire en mangeant.
       의사들 이야기로는 식사하면서 과음을 하는 것은 좋지 않다고 한다.

(7) 번역문을 참조하면서, 다음 각 문장의 괄호에 들어 갈 말로서 dire/parler/raconter중에서 제일 적절한 것을 골라, 알맞은 동사형으로 만들어 괄호 속에 넣어 보세요

    A. L'autre jour, Fabienne m'a (　　) de toi.
       요전에, 파이엔느가 너 이야기, 하더군.

    B. Annie n'avait rien de spécial à me (　　).
       아니(Annie)는 나에게 특별히 할 이야기가 없었다.

    C. Depuis quelque temps, ce veuf (　　) de se remarier.
       얼마 전부터, 상처한 그 사람은 자기가 재혼할 거라고 말하고 있다.

    D. Hier, tu es sortie avec Jean : allez, (　　)-moi.
       어제, 너, 쟝과 데이트했다면서. 자, 이야기 좀 해봐.

    E. (　　)-nous en quelques mots où tu as passé ces trois jours.
       요, 사흘간을 어디서 보냈는지, 간략하게 이야기해 봐.

(8) 아래 문장에서 틀린 곳이 있으면 바로 고치시오

    A. Les orientaux prennent surtout du riz.
       동양인들은 쌀을 주식으로 한다.

    B. Marc-André n'a pas l'habitude de manger de petit déjeuner.
       마르끄 앙드레는 아침을 먹지 않는 습관이 있다.

C. Est-ce qu'on mange la cuisine française ce soir?
   오늘 저녁은 프랑스 요리를 먹는가?

D. Mon père a toujours son dîner très tard.
   아버지는 언제나 저녁을 아주 늦게 드신다.

(9) 아래 문장에서 틀린 곳이 있으면 바로 고치시오

A. Ne demandez pas de questions impertinentes.
   무례한 질문은 하지 마세요.

B. Il a fallu questionner le chemin trois fois.
   세 번이나 길을 물어 보아야만 했다.

C. Quelle coïncidence! Je m'interrogeais la même question.
   우연의 일치일세. 나도 같은 문제를 생각하고 있었는데.

(10) 다음 문장에서 틀린 곳이 있으면 바로 고치시오

A. ▷ Où est-ce qu'elle est?
     그 여자, 어디 있나?
   ▶ Elle est en train de changer la robe.
     드레스 갈아입고 있는 중이다.

B. Nous avons changé trois fois des professeurs cette année-là.
   올해, 선생이 세 번 바뀌었다.

C. Je voudrais changer l'argent, s'il vous plaît.
   환전하고 싶은데요.

(11) 다음 문장 중에서 잘못 된 부분이 있으면 고치시오

A. Je l'ai visitée trois fois quand elle était à l'hôpital.
   나는 그녀가 입원해 있을 때 세 번 찾아가 보았다.

B. Monsieur Martin visite souvent les pays étrangers.
마르땡씨는 자주 외국을 방문한다.

C. Guillaume, viens voir un de ces jours.
기욤, 언제 한 번 만나러 와.

(12) 다음 문장에서 틀린 곳이 있으면 고치시오

A. Martine, vois ce que Nicolas m'a donné.
마르띤느, 니꼴라가 나에게 준 것 좀 봐.

B. Elle peut à peine regarder le visage des gens.
그녀는 사람 얼굴도 또렷이 잘 안 보인다.

C. Hier, j'ai vu ton père à la télé.
어제, 너 아버지 TV에 나온 것 봤다.

D. J'ai regardé ce film la semaine dernière à Kangnam.
지난주, 이 영화, 강남에서 보았어.

(13) 다음 문장의 괄호 중에서 적절한 단어를 고르시오

A. Il veut changer de job. Tu le (savais/connaissais)?
그 사람이 직장을 옮기고 싶어하는데, 넌 알고 있었니?

B. Je le (sais/connais) de vue seulement, je ne lui ai jamais parlé.
난 그 사람만 얼굴만 알고, 말은 한 번도 해 보지 않았어요.

C. Martin ne (sait/connaît) personne à Lyon.
마르땡은 리용에 아는 사람이 아무도 없다.

(14) 다음 문장에서 괄호의 두 단어 중, 적절한 것을 고르시오

A. Il y avait tellement d'embouteillages sur la route qu'il m'a fallu une heure pour (venir/arriver).
길이 막혀, 오는데 한 시간이 걸렸다.

B. Hier, pourquoi vous n'êtes pas (venus/arrivés) à l'heure?
어제, 왜, 제 시간에 안 왔니?

(15) 아래 문장에서 틀린 곳이 있으면 바로 고치시오

A. Maria parle en français impeccable.
마리아는 프랑스어를 완벽하게 구사한다.

B. Il parle italien et comprend aussi espagnol.
그는 이탈리아어를 할 줄 알고, 스페인어도 알아듣는다.

C. Posez des questions par le français, si possible.
될 수 있으면, 프랑스어로 질문해 주세요.

(16) 다음 문장에서 괄호 안의 두 낱말 중 알맞은 것을 고르시오

A. Ali a (gagné/battu) par K.O.
알리(Ali)가 K.O.로 이겼다.

B. Ali a (gagné/battu) Formann par K.O.
알리(Ali)가 포어먼(Formann)을 K.O.로 이겼다.

C. Mon équipe a (gagné/battu) le dernier tournoi.
우리 팀이 지난 번 토나멘트에서 우승했다.

(17) 다음 문장에서 잘못된 부분이 있으면 고치시오

A. Dimanche dernier, nous avons eu un bon temps chez les Teissier.
지난주 일요일, 우리들은 떼씨에네 집에서 즐거운 시간을 보냈다.

B. Si on prend un café avec un bon ami, on passe un moment agréable.
좋은 친구와 커피 한 잔 같이 하노라면 즐거운 시간을 보내게 된다.

C. À la fête d'anniversaire de Michel, on s'est donné du bon temps.
미셸 생일잔치에서 다들 즐거운 시간을 보냈다.

D. Madame Gauvin a bien joué à la soirée dansante d'hier.
고뱅 부인은 어제, 댄싱 파티에서 즐거운 시간을 보냈다.

(18) 다음 문장에서 틀린 곳이 있으면 바로 고치시오

A. Il a décidé à interrompre ses études.
그는 학업을 중단하기로 결심했다

B. Avant d'accepter l'offre de mariage d'Eric, elle a longuement réfléchi; elle a mis six mois à décider.
에릭의 구혼을 수락하기 전에 그녀는 오랫동안 곰곰히 생각해 보았다. 결정을 하는 데, 6개월이 걸린 것이다.

C. Leur départ est décidé au premier août.
그들의 출발 일이 8월 1일로 정해졌다.

D. Le juge décidera la peine à infliger au coupable.
범인의 형량은 판사가 정할 것이다.

E. Tu es toujours fixé sur ce voyage?
이 여행을 하기로 한 것에 여전히 변함이 없니?

(19) 다음 문장에서 틀린 곳이 있으면 바로 고치시오

A. Ça fait six mois que Martin trouve du travail.
6개월 전부터, 마르땡은 일자리를 구하고 있다.

B. ▷ Quelle jolie robe! Je me demande où tu l'as cherchée?
드레스 멋진데. 어디서 구했니?

▶ Dans un grand magasin, à Séoul.
서울, 어느 백화점에서.

(20) 다음 문장에서 잘못된 곳이 있으면 고치시오

    A. Allons au restaurant avec moi.
        나와 함께 레스토랑에 갑시다.

    B. Je vais au cinéma. Tu viens avec moi?
        나, 극장 가는데, 같이 갈래?

    C. Vous venez en touriste ou pour affaires?
        관광으로 오셨습니까? 비즈니스로 오셨습니까?

◆ 비슷한 의미의 동사.
  용법 구별 문제.
  문제의 정답 및 용법의 상세 보충 설명.

(1) 가까이 가다(오다)

approcher/s'approcher/rapprocher/se rapprocher

정답:

    A. à moi → de moi 아래 용법 7 참조
    B. s'approche → approche 아래 용법 2 참조.
    C. approchés → rapprochés 아래 용법 8 참조.

<용 법>

1. approcher (명령법)

    Approche, j'ai quelque chose à te dire.
    가까이 와 봐, 내, 너한테 할 말이 있다.

2. 정관사 + 특정의 명사 + approcher

    La nuit approche, rentrons.
    밤이 오는 것 같은데, 돌아가자.
    Le temps des examens approche.
    시험기간이 다가오고 있다.
    Les vacances de printemps approchent.
    곧 봄방학이다.

    ※ 특정의 명사: jour, nuit, orage, pluie, aurore, date, temps, départ, hiver, été, automne, printemps, début, fin, date limite 따위.

    ※ 2, 3, 4, 5의 경우에는 s'approcher를 쓰지 않음.
        La date du départ approche.
                × s'approche.

3. 인물 주어 + approcher *qn*

    J'ai pu approcher cette actrice et lui demander son autographe.

    나는 그 여 배우에게 다가가서 싸인을 받을 수 있었다.

       ▷ Demande-lui une lettre de référence pour moi.

         그(녀)에게 나의 소개장을 부탁해봐.

       ▶ Entendu, je vais essayer de l'approcher.

         알았어. 내가 한 번 말해 볼게.

Notre président, c'est un homme qu'on ne peut pas approcher aisément.

    우리 회장님은 가까이 하기가 힘든 사람입니다.

4. 인물 주어 + approcher de + SN (장소)

    François, nous approchons de la gare de Séoul.

    프랑수아, 조금 있으면 서울역이야.

    Nous approchons de Rome. Nous devrions être à l'aéroport Leonardo da Vinci dans une demi-heure.

    조금 더 가면 로마다. 반시간 지나면, 레오나로도 다빈치 공항에 도착 할 것이다.

    설명: 말하는 사람은 이동중이다.

5. 인물 주어 + approcher de + 한정사 + 특정의 명사

       ▷ Il a quel âge?

         그는 몇 살인가?

       ▶ Il approche de la soixante.

         육십 가까이 되었어.

    Nous approchons de l'objectif que nous nous étions fixé. Il ne nous manque plus que mille euros.

       드디어 우리 목표에 가까이 간다. 천 유로가 모자랄 뿐이다.

※ 특정의 명사 : objectif, but, fin, résultat 등

6. 인물 주어 + s'approcher de + 장소명사

　　Marcel, je te défends de t'approcher du feu.
　　마르쎌, 불 가까이 가지 마.

7. 인물 주어 + s'approcher de *qn*

　　Un inconnu s'est approché de moi pour me demander de l'argent.
　　모르는 사람이 나에게 다가와 돈을 구걸했다.
　　Beaucoup de personnes se sont approchées du Premier ministre pour lui serrer la main.
　　많은 사람들이 수상과 악수하려고 가까이 갔다.

8. 사물 주어 + rapprocher + *qn* (+ de + SN)

　　　▷ Mon nouveau bureau se trouvera au quinzième.
　　　　이번 사무실은 15구가 될 거야.
　　　▶ Ça te rapprochera de chez moi.
　　　　그러면 우리 집에서 가깝게 된다.
　　La mort d'Annie l'a rapproché de sa femme.
　　아니(Annie)의 죽음으로 인하여, 그는 자기 아내와 보다 가까이 지내게 되었다.
　　C'est certain, l'épreuve les a rapprochés.
　　사실 그래. 그들은 시련을 겪음으로써 단결하게 되었던 거야.

9. 인물 주어 + approcher [rapprocher] + *qch* (+ de + *qch*)

　　Rapproche la lampe, tu verras mieux.
　　램프를 가까이 가져와 봐. 더 잘 보일 거야.
　　Approche ta chaise de la table. 의자를 테이블 가까이 가져와.
　　※ rapprocher쪽이 보다 더 많이 사용됨.

10. 인물 주어 + s'approcher [se rapprocher] (+ de + SN)

　　Approchez-vous du micro, un peu plus.
　　좀 더, 마이크 가까이 오세요.

Rapprochons-nous de l'écran, nous verrons mieux.
좀 더 화면 가까이 가면, 더 잘 보일 거야.
Approche-toi, je t'entends à peine.
가까이 와 봐. 말이 잘 안 들려.
Approchez-vous de la fenêtre, vous verrez mieux.
창가에 다가가서 보면 보다 더 잘 보일 거요.
※ 명령형으로 쓰이는 경우가 많음.
　비교: 가까이 와.
　　　　Approche
　　　　Approche-toi (de moi)
　　　　Rapproche-toi (de moi)
　　× Rapproche.

(2) 가르쳐 주다

apprendre/enseigner/montrer/expliquer

정답 :

A. appris B. montrer C. enseigner D. expliquer

설명:
A. apprendre가 "배우다"라는 뜻과 더불어 "배우게 하다, 가르쳐 주다" 는 뜻으로 쓰이는 것에 먼저 유의해야 함. ...에게 ...하는 것을 가르쳐 주다라는 말을 통사구조로 Verbe + à + 사람 + à + inf로 표현되는 경우, enseigner동사는 à + inf에 해당되는 어귀로 제한적으로 쓰이거나, 교훈이 되는 것을 가르쳐준다는 뜻으로 만 쓰이는데 반하여, apprendre동사의 경우는 보다 폭 넓게, 지식 학습을 지도한다는 뜻으로 쓰임.
B. "기계, 도구 따위의 작동을 가르쳐주다"의 경우는 montrer comment + inf [절]의 형태로 쓴다.
C. "교과목을 가르치다"인 경우는 enseigner를 쓴다.
D. "사정, 이유를 가르쳐 주다"는 "설명하다"는 뜻의 expliquer를 쓴다.

◆ 용 법

1. apprendre *qch*

    Il a appris l'anglais tout seul avec des livres et des cassettes.
    그는 책과 카세트 테이프를 갖고 혼자 힘으로 영어를 배웠다.
    On doit apprendre par coeur quelques poèmes de Baudelaire.
    보들레르의 시를 몇 수, 외워야 한다.

2. apprendre à + inf.

    Elle a appris à jouer du piano avec sa mère.
    그녀는 어머니한테서 피아노를 배웠다.
    L'année prochaine, quand tu seras à l'école primaire, tu vas apprendre à lire, à écrire et à compter.
    내년, 초등학교에 가면, 넌, 읽기, 쓰기, 셈하기를 배우게 될 거야.
    Si tu veux faire de la plongée sous-marine, il vaudrait mieux que tu apprennes d'abord à nager.
    스쿠버 다이빙을 하고 싶으면, 우선 수영부터 배우는 게 좋을 거야.

3. apprendre *qch* à *qn*

    Si tu veux faire de jolies photos, il faut quelqu'un qui t'apprenne la technique.
    예쁜 사진을 촬영하고 싶으면, 너한테 그 기법을 가르쳐 줄 사람이 있어야 되는 거야.
    Il a appris divers tours à son chien.
    그는 자기의 개에 여러 재주를 가르쳤다.

4. apprendre à *qn* à + inf.

    Viens, je vais t'apprendre à te servir de ton nouveau traitement de texte.
    자, 내가 네가 새로 구한 워드 프로세스 사용법을 가르쳐 줄게.
    C'est ma cousine Geneviève qui m'a appris à nager.
    나에게 수영하는 것을 가르쳐 준 사람은 내 사촌 젠느비에브이다.

C'est son mari qui a été obligé de lui apprendre à faire la cuisine.
그녀에게 요리하는 것을 가르쳐 줘야 만 했던 사람은 그녀의 남편이다.

5. apprendre [enseigner] à *qn* à + inf.

Dans la plupart des écoles maternelles, on enseigne déjà aux enfants à lire et à écrire.
대부분의 유치원에서, 아이들에게 벌써 읽기, 쓰기를 가르치고 있다.
La voisine a enseigné à ses deux enfants à lire et à écrire avant qu'ils n'aillent à l'école.
옆 집 여자가 그(녀)의 두 아이에게, 취학 전에 읽기와 쓰기를 가르쳐 주었다.
※ 주의 : 영어에서 볼 수 있는

　　　　teach someone how to do의 형식을 본 떠

　　　　apprendre à *qn* + comment + inf 으로 쓰는 것은 불가.

6. enseigner (목적보어 없이 동사로만)

Après être devenu professeur, il s'est aperçu qu'il n'aimait pas enseigner.
선생이 되고 난 후, 그는 자신이 남을 가르치는 것을 좋아하지 않다는 것을 알아차렸다.
Quand est-ce que Madame Martin a arrêté d'enseigner?
마르땡 선생님은 언제 선생을 그만 두셨나요?
Vous enseignez combien d'heures par semaine, Monsieur Dubois?
뒤부아 선생님, 일주일에 몇 시간 가르치십니까?

7. enseigner *qch* (à *qn*)

▷ Qu'est-ce que vous faites à l'université?
　 대학에서 무엇을 하고 계십니까?
▶ J'enseigne la chimie.
　 화학을 가르치고 있습니다.
Qui est-ce qui t'enseigne la géographie cette année?
올해의 지리 선생님은 누구니?

8. montrer comment + inf 〔절〕

   Heureusement qu'il était là pour nous montrer comment monter la tente.
   다행이 그가 그 자리에 있어서 우리들에게 텐트 치는 것을 가르쳐 주었다.

9. expliquer *qch*

   Attendez, je vais tout vous expliquer depuis le début de l'affaire.
   자 봐요. 사건 전말을 모두 다 설명해 드릴께요.

10. expliquer + 의문사 + 절

   Je n'ai toujours pas compris! Tu peux m'expliquer encore une fois comment il faut s'y prendre?
   여전히 이해가 안돼. 어떻게 해야 하는지 한번 더 설명해 줄래?
   Je vais vous expliquer ce qu'il faut faire. 어떻게 해야 하는지 설명하겠습니다.
   Est-ce que vous pouvez m'expliquer comment il faut y aller?
   어떻게 그 곳에 가면 좋은지 가르쳐 주실 수 있겠습니까?

   cf. 시청으로 가는 길을 가르쳐 주실 수 있겠습니까?
   Pourriez-vous me dire 〔m'expliquer〕 comment on va à la mairie, s'il vous plaît?
   Pourriez-vous m'indiquer le chemin pour aller à la mairie, s'il vous plaît?

---

(3) 결혼하다, 이혼하다

marier/divorcer

정답:

   A. épouser → marier
   B. a marié avec → s'est marié avec 또는 a épousé
   C. se sont mariés → sont mariés.
   D. se sont divorcés → ont divorcé
   E. divorcé son mari → divorcé

◆ 용법

1. 인물 주어 + | se marier avec *qn*
   | épouser *qn*

   Il va épouser une Vietnamienne.
   그는 베트남 여자와 결혼할 예정이다.

   Elle s'est mariée en 1982 avec un employé de la même société.
   그녀는 1982년 같은 회사 직원과 결혼했다.

   Francine voulait l'épouser à tout prix mais c'est lui qui n'a pas voulu se marier avec elle.
   프랑씬느는 무슨 수를 써도 그와 결혼하고 싶었지만, 바로 당사자 그가 그녀와 결혼하려고 하지 않았다.

   ※주의: 1) épouser는 반드시 목적보어가 있어야 함.
   　　　　2) s'épouser라는 표현은 없음

2. se marier

   ▷ Tes parents se sont mariés quand?
   　 너네 부모님은 언제 결혼하셨니?

   ▶ En 1975, et je suis née l'année d'après.
   　 1975 년에. 그 후 일년 지나서 내가 출생했어

   Ils se sont mariés relativements jeunes. Lui, il avait 24 ans et elle, 22.
   그들은 비교적 젊은 나이이 결혼을 했다. 그는 24세, 그녀는 22세이었다.

   Elle avait beaucoup de prétendants mais, finalement, elle ne s'est jamais mariée.
   그녀에게는 구혼자가 많았지만, 결국, 그녀는 끝내 결혼하지 않았다.

3. 인물 주어 + marier *qn* (à *qn*)

   Mon père a voulu me marier à un politicien comme lui, mais j'ai toujours refusé.
   나의 아버지는 나를 자기와 같은 정치인에게 시집을 보내려고 했지만 나는 죽 거부했다.

4. être marié

   Son frère aîné n'est pas encore marié. Alors, tu comprends...
   그의 형은 아직 결혼하지 않았지요. 그래서, 이해가 가지요?

5. être marié | à | qn
              | avec |

   ▷ Il est marié à une Américaine.
     그는 미국 여자와 결혼해 있다.
   ▶ Depuis quand?
     언제부터?

6. divorcer

   C'est sa femme qui a voulu divorcer; lui ne voulait pas.
   이혼하려고 한 쪽은 그의 부인이다. 그는 이혼하고 싶지 않았다.
     ▷ Pourquoi est-ce qu'elle a divorcé?
       그녀는 왜 이혼했지?
     ▶ Il paraît que son mari buvait et qu'il la battait.
       남편이 술꾼에다가 자기를 상습적으로 구타했는가봐.
   De nos jours, on n'a plus honte de divorcer.
   오늘날에 와서는, 이혼하는 것을 더 이상 수치로 여기지 않는다.
   ※주의 : 1) "남편을/부인을 divorcer하다"라고 말하지 않음
          2) 대명동사 (se divorcer)의 형은 없음.

7. être divorcé

   Je ne savais pas que tu étais divorcé.
   난 네가 이혼했다는 것 몰랐어.
     ▷ Ça fait longtemps que je n'ai pas vu Philippe et Marie-Claire.
       Qu'est-ce qu'ils deviennent?
       필립과 마리끌레르를 본 지 꽤 됐는데. 그 애들 어찌 되었지?

▶ Ah oui, au fait, j'ai oublié de te le dire : ils sont divorcés.
아. 사실, 이 이야기 잊고 있었네. 그들은 이혼했대.

(4) 데려다 주다

amener/emmener/ramener

정답:

A amener 아래 용법 1 참조 B. amène 또는 emmène 용법 5 참조

◆ 용 법

용법 1, 2에서 "집에" 데리고 오다는 뜻에서는 chez + 사람, à la maison 이외에는 명시하지 않는 것이 좋음.

1. amener qn (사람·동물)

기본적으로, "사람 또는 동물을, 말하는 사람이 있는 장소에 데리고 온다"는 의미이고, 또는 대화자가 있는 장소로 데리고 간다는 의미로도 사용됨. (아래 세 번째 예문)

Nous vous attendons pour le déjeuner dimanche; bien sûr, amenez les enfants.
일요일 저녁, 같이 합시다. 아이도, 물론, 데려 오시고요.

Je n'ai pas été contente quand l'ami de mon fils a amené son chien chez nous.
아들 녀석의 친구가 개를 집에 데려고 와서, 나는 기분이 좋지 않았다.

Marie, je vais t'amener une copine, Annie.
마리, 친구인 아니(Annie)를 너네 집에 데리고 갈께.

La plupart des gens n'aiment pas que leurs amis amènent leurs animaux chez eux.
대부분의 사람들은 친구가 자기 집에 동물을 데리고 오는 것을 반기지 않는다.

※ 참고: 직접 목적 보어가 사물이면, apporter를 사용한다.
※ 비교: 집에 돌아 올 때는 동생을 데리고 오너라.
　　　Quand tu viendras à la maison, amène ton petit frère.
　　　　　　× emmène

2. amener *qn* + inf.

Un jour, tu devrais amener Claire et son mari dîner à la maison.
언제 한번, 끌레르를 남편 동반해서 우리 집에 당신이 데리고 오면 좋겠어요.

3. emmener *qn* (사람·동물)

사람 또는 동물을 말하는 사람 또는 대화자가 있는 장소에서 다른 장소로 데리고 간다는 의미. 직접 목적 보어가 사물일 경우, emporter를 사용한다.

Mes parents vont en Thaïlande et ils ne veulent pas m'emmener.
부모님이 태국에 가시려고 하는데 나를 데리고 갈 마음이 없다.
Quand ils sont partis en Amérique, ils n'ont pas pu emmener leur perroquet.
그들이 아메리카로 떠날 때, 그들은 키우고 있던 앵무새를 데리고 갈 수가 없었다.

4. emmener *qn* + inf.

Quand j'étais jeune, grand-père m'emmenait souvent nager à la piscine.
내가 어렸을 때, 할아버지가 나를 수영장에 자주 데리고 가셨다.

▷ Si tu es d'accord, je t'emmène dîner ...
  괜찮다면, 저녁 식사 같이 할까 하는데...
▶ A quel endroit?
  어디서?

5. 6. 용법에서, 일상 회화에서는 amener와 emmener, 두 동사가 거의 동등하게 쓰이고, 장소를 표시하는 어귀를 동반하는 경우가 많음. 먼 곳에 "데리고 가다"의 경우는 emmener가 사용됨.

5. amener [emmener] *qn* + 전치사 + 장소 명사

Il faudrait l'amener chez le medecin sans tarder.
지체없이 그(녀)를 의사에게 데리고 가야 겠다.
Venez, je vous emmène tous au restaurant et c'est moi qui paie.
자, 여러분 모두를 식당에 모시고 가서 한 턱 내겠습니다.

Il est trop petit pour aller chez le dentiste tout seul; tu peux l'emmener?

그 애는 혼자, 치과에 가기는 너무 어려요. 애를 데려다 줄 수 있을까요?

6. amener [emmener] *qn* + inf.

La prochaine fois, je t'emmènerai voir une pièce de "taltchoume".

다음 번에는, 탈춤 구경하는데 데려다 줄게.

7. ramener *qn*

J'ai été obligé de ramener Virginie chez le docteur Falardeau.

비르지니를 팔라르도 의사에게 또 다시 데려고 가야만 했다.

Il a fallu le ramener chez le psychiatre, il ne se calmait pas.

그를 정신과 의사에게 도로 데리고 가야 했다. 그 사람의 흥분 상태가 진정되어 않았기 때문이었다.

8. ramener *qch* (회화)

Je suis bien prête à te prêter ma voiture, mais tu me la ramèneras ce soir.

내 차를 빌려줄 용의가 있지만, 오늘 밤 돌려 줘야 돼.

Il m'a ramené six belles truites de sa pêche.

그는 굵은 송어 6 마리를 낚아, 나에게 갖다 주었다.

9. ramener *qn* (de 장소 명사)

Au retour, ramène Angèle de l'école.

오는 길에, 앙젤르를 학교에서 데리고 와요.

Je n'ai pas ramené Sylvie. Elle est restée chez sa tante.

나는 썰비를 도로 데리고 오지 않았어. 그애는 자기 아주머니 집에 계속 있었지요.

　　비교 : Madame Leclaire, j'emmène Francine et je vous la ramène ce soir.

　　르끌레르 부인, 제가 프랑씬느를 데리고 갔다고 오늘 밤, 다시 데리고 오겠어요.

(5) 듣다, 들리다

   entendre/écouter

정답:

   A. Écoute   B. entendre   C. entendu   D. écouté

◆용 법

I. ENTENDRE

1. entendre + 특별한 부사

   J'entends mal de l'oreille gauche.
   나는 왼쪽 귀가 잘 안 들린다.
   Il entend bien pour son âge.
   그는 나이에 비해, 귀가 잘 들린다.
   ※특별한 부사 : bien, mal, parfaitement 등

2. entendre + SN

   Monsieur, je regrette, je n'ai pas entendu mon réveil.
   선생님, 죄송합니다. 시계 알람소리를 듣지 못했어요.
   Janine, est-ce que tu as entendu le croassement des grenouilles la nuit dernière?
   쟈닌느, 어젯 밤, 개구리 우는 소리 들었니?
   J'ai été le seul, je crois bien, à entendre son arrivée.
   그 사람이 오는 소리를 들은 건, 나 혼자 뿐이었어요. 확실해요.
   Parle plus fort, on ne t'entend pas.
   좀 더 큰 소리로 말해, 너 말소리가 안 들려.
   Depuis quelques années, on entend souvent l'expression «mort cérébrale».
   몇 년 전부터, "뇌사"라는 말을 자주 듣는다.

3. entendre + SN + inf.

   ▷ Tout le monde t'a entendu ronfler, la nuit dernière.
      모두 다 어젯밤 네 코고는 소리를 들었어.

▶ Moi, ronfler?
　내가, 코를 곤다구?

Ce matin, je n'ai pas entendu mon réveil sonner.
오늘 아침, 나는 알람 시계가 울리는 것을 듣지 못했다.

II. faire | entendre / écouter | + SN (음악, 녹음되어 있는 것)

Je vais te faire écouter le dernier CD de Céline Dion.
쎌린 디옹의 최신 CD를 틀어줄게.

III. ÉCOUTER

1. écouter

Si tu n'écoutes pas, sors de la classe!
안 들으려면 교실에서 나가.
Il a une grande qualité, il sait écouter.
그는 큰 장점을 가지고 있는데, 그것은 그는 남의 말을 잘 들을 줄 아는 것이다.

2. écouter + SN

Je n'écoute jamais les informations à la télévision.
난, TV 뉴스는 전혀 듣지 않는다.
Je ne peux pas dormir sans écouter de la musique.
나는 음악을 듣지 않으면 잠을 잘 수가 없다.
Son défaut, c'est de ne pas écouter les autres.
그(녀)의 단점은 남의 말을 듣지 않는 것이다.

비교 : 1) Écoute bien et tu me diras ce que tu entends.
　　　　　잘 듣고 알아들은 것은 나에게 말해.
　　　2) J'écoute mais je n'entends rien.
　　　　　귀담아 듣고 있지만, 아무런 소리도 안 들려요.

3) Allô, Fabrice, tu m'écoutes?

　　　　tu m'entends?

여보세요, 파브리스, 내 말 듣고 있니?

　　　내 말 들리니?

4) J'écoute les nouvelles à la radio tous les jours.

　　J'ai entendu la nouvelle hier soir.

　　나는 매일 저녁 라디오 뉴스를 듣는다.

　　나는 어제 저녁 그 뉴스를 들었다.

3. écouter + SN + inf.

　J'aime bien écouter la pluie tomber.

　나는 비 내리는 소리를 듣는 것을 좋아한다.

　Je les ai écoutés parler pendant une heure, c'était intéressant.

　나는 그들이 이야기하는 것을 한 시간 동안 들었는데, 참 재미있었다.

(6) 마시다, 복용하다

boire/prendre

정답.

　A. 틀린 곳 없음　B. boit → prend　C. boirez → prendrez　D. 틀린 곳 없음

◆ 용 법

1. prendre + SN(의약품)

　Le médecin m'a dit que je devais prendre des vitamines C.
　의사는 나보고 비타민 C를 먹어야 한다고 말했다.
　Jacques, tu as pensé à prendre tes médicaments avant le repas?
　쟈끄, 식전에 약 먹는 것 잊지 않았지?

2. prendre + 한정사 + 특정의 명사

   Moi, je prends le consommé.
   나는 꽁쏘메 수프로 하겠다.
   Messieurs dames, qu'est-ce que vous allez prendre comme potage?
   여러분, 뽀따쥐는 무엇으로 하시겠어요?
   ※특정의 명사: potage, consommé, velouté 등

3. manger + 한정사 + soupe

   Maman, je ne veux pas manger de soupe aux pois.
   엄마, 난 콩 수프 먹기 싫어요.
   Mange ta soupe, Jeannot, sinon... 쟈노, 수프 먹어라, 안 먹으면...

4. | prendre | + SN
   | boire |

   Le médecin m'a recommandé de boire un verre de lait plusieurs fois par jour.
   의사는 나보고, 우유를 한 컵씩 매일 여러 번 마셔라고 권했다.
   Buvez votre thé à petites gorgées, il est bouillant.
   차가 너무 뜨거우니까, 조금씩 조금씩 드세요.
   ▷ On va prendre un pot?
      한 잔 하러 갈까요?
   ▶ D'accord, c'est une bonne idée!
      좋아요. 좋은 생각이요.

5. boire

   Il avait trop bu ce soir-là. Il ne savait plus ce qu'il disait.
   그는 그날 밤, 과음해서 자기가 무슨 말을 하는 것도 모를 지경이었다.
   Il boit, mais toujours dans des limites raisonnables.
   그는 술을 마시긴 해도 언제나 적정량을 지킨다.

(7) 말하다, 이야기하다

dire/parler/raconter

정답.

　A. parlé　B. dire　C. parle　D. raconte　E. Raconte 또는 Dis

◆ 용법

I. DIRE

1. dire + 특정의 말

  1) Dis au revoir à mamie, Paul.
   뽈, 할머니께 작별 인사 드려.
   Il ne leur a même pas dit merci.
   그는 그들에게 고맙다는 말 조차도 하지 않았다.
   Demandez à n'importe qui, on ne vous dira pas le contraire.
   아무에게나 물어 보세요. 그렇지 않다고 하지 않을 거예요.
   ※특정의 말: merci, bonjour, bonsoir, au revoir, à bientôt, oui, non,
   　　　　　　le contraire, la même chose 등

  2) Jacques a le don de nous faire savoir ce qu'il désire sans rien dire.
   자기가 원하는 것이 무엇이다라는 것을, 우리에게 말로 하지 않고, 우리가 알 수 있게 하는 재주를 쟈끄는 가지고 있다.
   Vérifie dans ton livre de grammaire. Tu verras bien si ce que tu dis est correct.
   문법책에서 확인해 봐. 네 말이 맞는지 잘 알 수 있을 거야.
   　Anne, dis-moi où est la bouteille de whisky.
   안느, 위스키병이 어디 있는지 가르쳐 줘.
   ※특정의 말 : ne...rien, tout, quelque chose, ce que, ce qui, qu'est-ce que,
   　　　　　　 ceci, quoi, le, comment, où 등

2. dire + SN

　　Et surtout ne dis pas de mensonge.
　　그래 좋아, 거짓말은 하지 마.
　　Il ne t'a pas dit toute la vérité.
　　그가 너에게 사실을 모두다 이야기한 것은 아니야.

3. dire + 한정사 + mot

　　Un enfant d'un an dit à peine quatre ou cinq mots.
　　한 살 짜리 아이는 겨우 네, 다섯 단어 말한다.
　　Pierre ne dit encore que peu de mots en anglais.
　　삐에르는 아직 영어를 거의 하지 못한다.
　　　관용적 표현 : Marie n'a pas dit un seul mot de toute la soirée.
　　　　　　　　　그날 저녁 파티 내내, 마리는 아무런 말이 없었다.

II. PARLER

1. parler

　　C'est moi qui vais parler le premier. Ensuite, vous prenez la parole.
　　내가 먼저 말하고, 다음 당신이 말하는 순서로 합시다.
　　　▷ Pourquoi tu ne l'aimes pas?
　　　　왜, 너는 그 사람을 안 좋아하니?
　　　▶ Parce qu'il parle toujours comme s'il savait tout.
　　　　자기가 다 아는 것처럼 늘 말하잖아.

　　　비교 : 1) Laisse-le parler, voyons.
　　　　　　　　Laisse-lui dire un mot, voyons.
　　　　　　　　그가 말하게 놓아두자구.
　　　　　　　　그(녀)가 말하게 놓아두자구.
　　　　　　2) Muriel est connue pour parler en l'air.
　　　　　　　　　　　　　　pour dire des choses en l'air.

뮈리엘은 나오는 대로 지껄이기로 소문나 있다.

※ dire는 직접목적보어가 꼭 필요한데 반하여, parler는 그냥, "말하다"의 뜻에서는 보통 직접목적 보어 없이 사용됨.

2. parler + 특정의 말

Pourquoi vous me parlez sur ce ton?

왜 이런 어조로 나한테 말씀하십니까?

특정의 말: sur ce ton, de cette manière, comme ça, 등등

비교: Pourquoi tu me parles comme ça?
　　　　　　　　　　　dis ça?

　　　왜 나한테 그런 식으로 말하니?
　　　　　　　　그렇게 말하니?

3. parler + 언어명

Maria n'a jamais appris à parler italien.

마리아는 이탈리아어를 배운 적이 없다.

▷ Vous savez parler russe aussi?

러시아어도 할 줄 아세요?

▶ Oh! Un tout petit peu. 아주 조금이요.

비교:

▷ Pourquoi est-ce qu'il ne dit rien?

왜, 그 사람, 아무 말도 안 해?

▶ S'il ne dit rien, c'est qu'il ne parle pas français.

그 사람이 아무 말도 안 하는 것은, 프랑스어 할 줄 모르기 때문이야.

4. parler + (부사) + le + 언어명

Il parle couramment l'espagnol et le portugais.

그는 스페인어와 포르투갈어를 유창하게 말한다.

Il parle le coréen sans accent.

그는 한국어를 한국사람처럼 말한다.

On parle l'espagnol dans la majorité des pays de l'Amérique latine.
라틴 아메리카의 대부분의 국가에서는 스페인어를 쓴다.
Est-il vrai qu'au Québec on parle le français du dix-septième siècle?
퀘벡에서는 17세기 프랑스어를 쓴다는 게 사실인가?

5. parler + 수형용사 + langues

   Combien de langues est-ce qu'il parle?
   그 사람, 몇 개 국어 하는 거야?

6. parler de + SN (+ à + SN)

   Vous parlez de quoi? 무슨 이야기하시는 겁니까?
   Je n'ai pas encore parlé de ce projet à mes parents.
   나는 부모님께 이 계획에 관해서 아직 이야기하지 않았다.
   Il m'en a parlé mais je ne me souviens plus ce qu'il a dit.
   그 사람한테서 그 이야기를 들었는데, 무슨 이야기했는지 기억이 나지 않는다.
   Est-ce que Catherine t'en a parlé?
   까트린느가 너한테 그 이야기하던?

7. parler + 무관사 명사: …라는 말을 사용하다

   On parle beaucoup aujourd'hui de société de consommation.
   오늘날, 소비사회라는 말을 흔히들 하고 있다.
   A propos de sa mort, on parle de meurtre.
   그(녀)의 죽음을 두고 살인이라는 소문이 돌고 있다.

8. parler (de) + 특정의 명사

   Il était interdit même aux officiers de parler politique.
   장교들조차도 정치 이야기하는 것이 금지되었다.
   ※특정의 명사 : politique, peinture, philosophie, pauvreté, chômage 등
   ※극히 추상적인 명사와 함께 사용됨.
     de 가 붙지 않는 것이 세련된 어법임.

9. parler de + inf.

Vous avez parlé de reprendre vos études. Avez-vous pris une décision?

다시, 학업을 시작한다고 말씀하셨는데, 마음에 결정을 내렸습니까?

On parle de bâtir une nouvelle autoroute.

새 고속도로를 건설한다는 이야기가 들린다.

III. | DIRE / RACONTER | + SN

Raconte-moi ce qui est arrivé.

무슨 일이 있었는지 나에게 이야기해 봐.

Ne le dis à personne.

그 말, 아무한테도 하지 마.

Dis-nous comment ça s'est passé.

어떻게 그런 일이 생겼는지 우리한테 말해 봐.

Qu'est-ce qu'on raconte à son sujet?

그 사람 건에 관하여 사람들이 무어라고 말하고 있나요?

IV. | PARLER de / RACONTER | + SN

Georges ne m'avait jamais parlé de cette histoire. Raconte.

조르쥐는 나에게 그 이야기는 한 번도 하지 않았는데. 한 번 들어보자.

Raconte-nous ton dernier voyage.

요번에 갔다 온 여행 이야기 해 봐.

V. RACONTER

1. raconter (à *qn*)

On est obligés de déménager; c'est une longue histoire; asseyez-vous, on va vous raconter.

우리는 이사를 해야만 하는데. 이야기하려면 길어지니까 앉아봐요. 이야기 해 볼께요.

2. raconter + 특정의 말

   Il ne raconte jamais rien d'intéressant.
   그는 재미있는 이야기할 때가 없다.
   Ce qu'il a raconté au sujet du sida nous a tous émus.
   에이즈에 관한 그의 이야기에 우리 모두 감명을 받았다.
   ※특정의 말: ne ... rien, quelque chose, ce que 등

3. raconter + 특정의 명사

   Grand-maman, raconte-moi l'histoire du Petit Chaperon Rouge, veux-tu?
   할머니, 빨간 모자 이야기 해 주시는 거지요?
   C'est toujours les mêmes histoires qu'il raconte.
   그 사람 하는 이야기는 맨날 같은 이야기라구.
   Elle m'a raconté en détail la mort de sa mère en pleurant.
   그 여자는 울면서, 자기 어머니의 죽는 모습을 나에게 상세히 이야기했다.
   ※특정의 명사 : histoire, voyage, aventure, vie, mort 등

4. raconter à *qn* + 의문사 + 절

   Elle ne m'a pas raconté pourquoi elle ne veut plus fréquenter les Delors.
   그녀는, 왜 이제는 들로르네 집에 드나들지 않는지에 대해서 나에게 이야기하지 않았다.

(8) 먹다, 식사를 하다

manger/prendre

정답:

A. prennent → mangent   B. manger → prendre
C. la cuisine française → de la cuisine française D. a → prend

◆ 용법

1. prendre + 한정사 + 특정의 명사

Pour ne pas grossir, il ne prend que deux repas par jour.
살 안 찌려고, 그는 하루에 두 끼만 먹는다.

Tu as tort de ne pas prendre le petit déjeuner, le matin.
아침 식사를 하지 않는 것은 좋지 않아.

Il prend son petit déjeuner en cinq minutes.
그는 5분만에 아침 식사를 마친다.

특정의 명사: (petit) déjeuner, repas, dîner, souper, goûter 등
※ 이 경우 manger는 이들 명사와 함께 쓸 수 없음.

2. prendre + SN

Je prends le menu à 20 euros.
나는 20 유로 짜리 코스로 하지.

Nous prendrons un deuxième plat de salade.
샐러드 한 접시 더 하겠습니다.

Qu'est-ce que tu prends comme dessert?
디저트로 뭘 할래?

※ 레스토랑, 카페에서 주문할 때 사용함.

비교 : La dernière fois, j'ai mangé un bifteck au poivre, mais cette fois je prends du poisson.
저 번에는 후추 친 비프스테이크를 먹었는데, 이 번에는 생선으로 하지요.

3. | prendre un repas
   | manger de la cuisine + 형용사 (나라 이름)
   | manger + 형용사 (나라 이름)

Si on prenait un repas italien, qu'en diriez-vous?
이탈리아 요리 먹는 것, 어떻습니까?

À la maison, on mange de la cuisine chinoise une fois par semaine.
집에서, 일 주에 한 번, 중국 요리를 먹습니다.

Il a fallu manger chinois pendant tout le voyage.
여행 내내, 중국 요리를 먹어야만 했다.
Je vous invite tous à prendre un repas français.
여러분 모든 분들에게 프랑스 요리를 대접하겠습니다.
※ manger la cuisine + 형용사 (나라이름)라고는 말하지 않음.

4. manger

Si tu ne manges pas, tu vas avoir faim.
안 먹으면, 배가 고프게 될 걸.
On a très mal mangé, ce soir-là.
그날 저녁 식사는 형편없었다.
Ce soir, on va manger au restaurant.
오늘 저녁은 레스토랑에서 식사를 할 것이다.
On dit que ce n'est pas bon de boire en mangeant.
식사를 하면서 술을 마시는 것은 나쁘다고들 한다.
Charles a la mauvaise habitude de manger entre les repas.
샤를르는 간식을 먹는 나쁜 습관이 있다.
※ manger le repas (le dîner, le déjeuner)라고는 하지 않음.

5. manger + 한정사 + SN (음식물)

Il faut faire manger beaucoup de fruits et de légumes à votre fils.
당신 아들에게 과일과 채소를 많이 먹여야겠습니다.
Pour la vue, les médecins recommandent de manger des épinards ou des carottes.
시력을 위해서, 의사들은 시금치와 당근을 먹을 것을 권하고 있다.
Mon père mange rarement du dessert.
나의 아버지는 디저트를 드실 때가 거의 없다.
Je n'ai rien mangé depuis ce matin.
아침부터 나는 아무 것도 안 먹었다.

6. prendre + 한정사 + 특정의 명사

  déjeuner / dîner / luncher / souper

  Il prend toujours son dîner très tard.
  Il dîne toujours très tard.
  그는 언제나 저녁 식사를 아주 늦게 한다.
  A cette heure-là, en Corée, on a déjà fini de dîner.
  지금 이 시간 한국은 저녁 식사가 끝났을 시간이다.
  J'aimerais bien aller dîner avec eux un de ces soirs.
  조만간, 그들과 저녁을 같이 하고 싶다.
  ※ 특정의 명사 : petit déjeuner, déjeuner, dîner, souper, lunch 등
  참고 1) luncher는 특히 비즈니즈맨 사이에서 사용되며, 가벼운 식사를 한다는 것을 의미함.
      2) souper는 연극 관람 따위가 끝나, 밖에서 야식을 하는 것을 가리켜 사용하는 경우가 많음.

(9) 묻다, 질문하다

poser des questions/questionner/interroger/demander

정답:

  A. demandez → posez   B. questionner → demander
  C. m'interrogeais → me posais

◆ 용 법

1. poser + 한정사 + question (+ à *qn*)

  Vous avez des questions à poser?
  질문 있습니까?
  C'est un enfant intelligent, il n'arrête pas de poser des questions.
  그 아이는 똑똑한 아이다. 쉬지 않고 질문을 해 댄다.
  Si tu ne comprends pas mon explication, n'hésite pas à me poser des questions.

내 설명이 이해가 안되면, 주저말고 질문해요.

※주의 : 영어의 ask (한정사 + question)과는 달리
프랑스어에서는 demander + 한정사 + question는 쓰지 않고,
또한, questionner는 "질문하다"라는 의미와는 차이가 있다.

2. poser + 한정사 + question | à qn + sur + SN
　　　　　　　　　　　　　　　| à propos de + SN
　　　　　　　　　　　　　　　| au sujet de + SN

Quand j'étais en France, plusieurs personnes m'ont posé des questions sur la Corée.
내가 프랑스에 있을 때, 나는 여러 사람한테서 한국에 관한 질문을 받았다.

▷ Madame, j'aurais une question à vous poser...
부인, 한 가지 물어보고 싶은데요.

▶ C'est à quel sujet?
어떤 건데요?

Si vous n'avez pas de questions à poser à propos de ce poème, on va passer à un autre.
이 시에 관해서 질문이 없으면, 다음 시로 넘어가도록 합시다.

3. se poser + 한정사 + question

Son livre ne répond pas aux questions que je me pose.
그의 책은 내 질문에 대한 답변을 주지 못하고 있다.

André Gide s'est souvent posé cette question dans ses romans.
앙드레 지드는 그의 소설에서 종종 이 문제에 대해 질문을 던졌다.

4. 사물 주어 + faire se poser + 한정사 + question à qn

La lecture des «Frères Karamazov» nous fait nous poser des questions.
카라마조프가의 형제들을 읽으면 사람들은 여러 가지 문제를 생각하게 된다.

5. questionner *qn* (+ sur + SN)
   interroger

   La police a longuement questionné le suspect sur ses allées et venues.
   경찰은 용의자가 어디를 갔다왔는지 용의자에게 오랫동안 심문했다.
   Sur quoi est-ce que le professeur vous a questionnés?
   선생이 너희들한테 어떤 것, 물어 보더니?
   Arrête de toujours le questionner comme ça!
   언제나, 그 사람에게 그런 식으로 심문하듯이 물어보는 것은 그만해.
   ※ 경찰, 재판의 심문, 시험 등에서의 질문에 사용함.

6. interroger *qn* (+ sur + SN)

   Au prochain test, je vais vous interroger sur la conjugaison des verbes.
   다음 시험에서는 동사활용에 관해서 물어 보겠어요.
   (수동문) À l'examen oral, j'ai eu de la chance : j'ai été interrogé sur
   Rimbaud que je connais bien.
   구술 시험에서 나는 운이 좋았다. 내가 잘 알고 있는 랭보에 관해 물어 보아서.

7. demander + SN

   Il m'a demandé mon nom et mon adresse.
   그는 나에게 이름과 주소를 물었다.
   Je pourrais vous demander un conseil?
   당신에게 조언을 받고 싶은데요.
   Demande la route à un passant.
   지나가는 사람한테 길을 물어봐.
   ※ 주의: 동사 단독으로, 목적어 없이 사용 불가.

Quand Pierre te	× *demandera,*
	le demandera,
	aposera une question,

fais comme si tu ne savais rien.
삐에르가 물으면, 넌 아무 것도 모르는 척 해라.

비교: 1) ▷ Monsieur, j'ai | une question à vous poser.
　　　　　　　　　　　 | quelque chose à vous demander.

　　　선생님, 여쭤 볼게 있는데요.

　▶ Bien, de quoi s'agit-il?

　　　뭔데?

2) Quand on m'a | × *demandé* | sur l'accident,
　　　　　　　　 | posé des questions |

j'ai répondu que je ne savais rien.
그 사건에 대해 질문을 받았을 때, 나는 전혀 모른다고 대답했다.

8. demander + 의문사 + 절

　L'homme nous a demandé si nous connaissions un hôtel près d'ici.
　혹시 가까운 곳에 호텔 아는 곳이 있는지 그 사람이 우리보고 물었다.
　Il y a un visiteur qui demande quand le patron va rentrer.
　주인이 언제 돌아오느냐고 물어 보는 손님이 한 명 있습니다.
　비교: Si l'on me demande si la vie est longue ou courte,
　　　　Si l'on me pose la question suivante : «La vie est-elle longue ou courte?»,
　　　　je réponds sans hésiter «courte».
　　　　인생 긴가 짧은가 라는 질문을 받으면,
　　　　나는 주저하지 않고 "짧다"라고 대답한다.

---

(10) 바꾸다 changer

정답:
　A. la robe → de robe　B. des professeurs → de professeurs
　C. l'argent → de l'argent

◆ 용법

1. changer de + 명사

   À bientôt! Je change de train à la prochaine gare.
   나중에 봐. 난, 다음 역에서 갈아탄다.
   ▷ Il y a trop de bruit ici.
     여긴 너무 시끄러워
   ▶ Alors, changeons de place.
     그럼, 장소를 바꾸자.
   Si par hasard tu changes | d'avis | au dernier moment,
                            | d'idée |
   tu nous préviens, n'est-ce pas?
   혹시, 기한이 임박해서 생각이 달라지면, 우리한테 연락 줘.

2. changer + 한정사 + 명사 (+ de + SN)

   Comme le directeur était malade, il a fallu changer le jour de la réunion.
   소장이 와병 중이라서, 모임의 날짜를 변경해야만 했다.
   Germaine a changé l'heure de son lever et de son coucher.
   제르멘느는 기상, 취침 시각을 바꿨다.
   Avoir des enfants, ça change complètement la vie d'une femme.
   아이를 갖게 되면, 여성의 생활은 싹 달라진다.

3. changer + SN

   Il faudrait changer l'ampoule électrique. Elle est grillée.
   전구를 바꿔 끼워야 되겠다. 전구 선이 끊어졌다.
   Ça fait dix fois que je lui dis qu'il faudrait changer le carreau.
   우리 창을 갈아 끼워야 한다고 그 사람한테 말한 게 10 번이나 된다.

4. changer + 소유 형용사 + 명사

   En raison de la récession économique, nous avons dû changer nos projets.

불황으로 인하여, 우리들은 계획을 수정해야만 했다.

Si vous changiez un peu votre style de vie, vous seriez peut-être beaucoup moins stressé.

만약 당신의 생활 스타일을 약간 바꾸면, 훨씬 스트레스를 덜 받게 될 것입니다.

Quand elle est revenue 10 minutes plus tard, j'ai remarqué qu'elle avait changé sa coiffure.

그녀가 10 분 뒤에 다시 왔을 때, 헤어 손질을 좀 했다는 것을 나는 알았다.

※주의: 이 경우, 전혀 새로운 것으로 바꾸는 것이 아니고, 부분적인 수정을 의미함.

비교: J'ai changé de projet. 나는 계획을 변경했다.

　　　J'ai changé mon projet. 나는 계획을 수정했다.

　　　Elle a changé de coiffure. 그녀는 헤어스타일을 바꿨다.

　　　Elle a changé sa coiffure. 그녀는 머리 손질을 했다.

　　　Il a changé de médicaments. 그는 약을 바꿨다.

　　× Il a changé ses médicaments.

5. changer *qn* (+ de vêtements)

　Les vêtements de Fred sont tout sales, il faut le changer.

　프레드의 옷이 너무 더러워요. 그 애, 옷 갈아 입혀야해요.

　Fais prendre un bain à Pétronille et change-la.

　뻬트로니이를 목욕시키고 옷을 갈아 입혀요.

6. changer + SN + pour + SN

　Il voudrait changer sa Volvo pour une Fiat.

　그는 자기가 지금 타고 있는 볼보차를 피아트와 교환하고 싶어 한다.

　비교 : Tu veux changer ta place contre la mienne?

　　　　Tu veux changer de place avec moi?

　　　　나와 자리 안 바꿀래?

7. changer de l'argent

　Où est-ce que je pourrais changer de l'argent?
　어제서 환전할 수 있을 까요?

8. changer + SN + | en + 명사
　　　　　　　　 | contre + 명사

　Excusez-moi, je n'ai pas bien compris. Vous voulez changer des dollars en euros ou des euros en dollars?
　제가 잘 알아듣지 못해서 죄송합니다. 달라를 유로화로 교환하고 싶습니까, 유로화를 달라로 교환하고 싶습니까?
　En arrivant à l'aéroport, tu verras un guichet où tu pourras changer ton argent en monnaie locale.
　공항에 도착하면, 현지화로 환전할 수 있는 창구가 보일 거야.
　Je voudrais changer mes dollars contres des euros.
　가지고 있는 달러를 유로화로 바꾸고 싶은데요.

9. 인물 주어 + | changer de + 명사 (의복)
　　　　　　 | se changer

　Attends un peu, je voudrais changer de chaussures, celles-ci me font mal.
　잠깐. 신발 갈아 신고 싶어. 이 신발은 발이 아파.
　Est-ce que j'aurai le temps de changer de vêtements avant le repas?
　식사 전에 옷 갈아입을 시간이 있을까?
　Si tu es trempé, va te changer.
　몸이 젖었으면, 가서 옷 갈아입어.
　숙어적 표현: Pour me changer les idées, j'écoute de la musique classique.
　　　　　　　기분 전환하기 위해, 나는 클래식을 듣는다.

(11) 방문하다

visiter/rendre visite/aller voir

정답:

A. Je l'ai visitée → Je suis allé (또는 passé) la voir

B. → M. Martin va souvent à l'étranger.

C. viens voir → viens me voir

◆ 용법

1. rendre visite à *qn*

   faire une visite à *qn*

   Le Jour de l'An, nous avons l'habitude de faire une visite à nos grands-parents.
   정초에, 우리는 관례 행사로 조부모를 찾는 뵙는다.
   Le roi et la reine d'Espagne ont rendu visite au Pape avant de se rendre au Quirinal.
   스페인 국왕 부처는 수상 관저로 가기 전에 교황을 알현했다.
   ※주의 : 1, 2 용법은 주로 공식적인, 예를 갖춘 방문에 사용됨.

2. faire une visite + 특정의 말 + à *qn*

   Lors de son passage à Bruxelles, le Prince Impérial a fait une visite de courtoisie au roi Beaudoin.
   브뤼셀을 들르는 길에 황태자는 보두앵 국왕을 예방했다.
   Ils ont profité de leur passage dans notre quartier pour nous faire une courte visite.
   우리 동네를 지나가는 김에 그들은 우리들에게 들렸다.
   ※특정의 말 : petite, courte, de sympathie, de courtoisie 등

3. visiter + SN (장소·건물)

   Je n'ai pas encore visité la Chine.
   나는 아직 중국을 방문한 적이 없다.

Plusieurs fois de suite, j'ai visité les nouveaux locaux avec lui.
여러 번 계속해서, 나는 그와 함께 새로이 만든 방에 가 보았다.

※ 주의 나라, 도시, 학교, 미술관, 병원, 건물, 성, 방 등을 나타내는
      명사를 직접목적어로 취하여 사용한다.

| Hier, | × j'ai visité | mon ami, Yvon. |
| | je suis allé chez | |

나는, 어제, 친구 이본네에 갔었다.

Je n'ai aucune envie	de visiter	l'Europe.
		× en Europe.
	d'aller en Europe.	

나는 유럽을 방문하고 싶은 마음이 전혀 없다.
      유럽에 가 보고 싶은

Quels endroits tu as visités	aux États-Unis?
Tu es allé où	
× Tu as visité où	

미국에서, 어떤 장소를 찾아 가 보았느냐?
      어디에 갔었느냐?

4. | visiter | + 한정사 + 특정의 명사
   | rendre visite à |

Le docteur Martin visite assidûment ses malades.
마르땡 의사는 꾸준히 자기 환자들을 왕진하며 돌보고 있다.

Elle fait du bénévolat : elle rend régulièrement visite aux prisonniers.
그녀는 자원 봉사로서 정기적으로 수감자들을 찾아보고 있다.

※특정의 명사: malade, prisonnier, captif

5. | aller | voir *qn*
   | passer |

   Je suis allé la voir plusieurs fois lorsqu'elle était hospitalisée.
   나는 그녀가 입원해 있을 때 여러 번 찾아가 보았다.
   ▷ Martine s'est blessée à la jambe et elle ne peut pas sortir de la maison.
   마르띤느가 다리를 다쳐 집에서 나올 수가 없다.
   ▶ Pauvre Martine! Je vais passer la voir chez elle.
   안됐군. 집에 찾아가 봐야지.
   ※주의: 5, 6의 용법에서 voir는 반드시 직접 목적보어를 동반.

6. venir voir *qn*

   Quand vous passerez à Séoul, venez nous voir.
   서울을 거쳐가게 되면, 한 번 놀러 오세요.
   Les Giraudet venaient souvent nous voir lorsque nous étions
   à Bruxelles.
   우리가 브뤼셀에 있을 때, 지로데 네 사람들이 종종 놀러 오곤 했다.

7. aller à l'étranger

   On ne peut pas aller à l'étranger sans avoir de passeport.
   여권 없이 외국에 갈 수 없다.
   ※visiter les pays étrangers라고는 말하지 않음.

(12) 보다, 보이다

regarder/voir
정답:
   A. Vois → Regarde   B. regarder → voir   C. 틀린 곳 없음   D. regardé → vu

◆ 용 법

1. regarder (+ 부사)

   Regarde, il neige! 좀 봐, 눈이 온다.

   ▷ Je ne trouve pas ma chaussette.
   양말, 한 짝이 안 보이는데.
   ▶ Tu as regardé sous ton lit?
   침대 밑, 쳐다보았니?

2. regarder + SN

   Ne me regarde pas avec cet air-là!
   그런 얼굴로 나를 쳐다보지마.
   Regarde le chapeau de la dame là-bas.
   저기 있는 부인의 모자 좀 봐.

   비교: 1) ▷ Regarde dans la cour, tu vois quelqu'un?
   마당 안을 봐, 누가 있니?
   ▶ Non, je ne vois personne.
   아니, 아무도 안 보이는데.
   2) J'ai beau regarder, je ne vois personne.
   아무리 둘러보아도, 아무도 보이지 않는다.

3. regarder + 의문사 + 절

   Regarde comment je fais, puis tu le feras à ton tour.
   내가 어떻게 하는가 보고, 다음 네가 해봐.
   Regarde dehors si la voiture de Christine y est.
   크리스띤의 차가 있는 지, 밖에 내다 봐.

4. regarder + SN + inf.

   Elle passe ses journées à regarder par la fenêtre, elle regarde les voitures passer.

그녀는 창 밖을 바라보면서 소일하고 있다. 그녀는 자동차 지나가는 것을 쳐다보고 있는 것이다.

5. voir

Tu vois, ce n'est pas si simple.
알겠지, 그건 그렇게 간단하지가 않아.
Regarde, tu vois, il est capable de marcher.
이 봐, 그렇지, 걸을 수가 있어.
Allume, on y verra plus clair. 불을 켜. 좀 더, 자세히 볼 수 있게.

6. voir + SN

Je suis allé en Australie, mais je n'ai pas vu de kangourous.
난, 호주에 갔었는데, 캥거루를 보지 못했어.
J'aimerais bien voir les chutes du Niagara, pas toi?
나는 나이야가라 폭포를 구경하고 싶은데, 넌 어때?
Je les ai cherchés, mais je ne les ai pas vus.
그들을 찾아보았지만, 마주치지 못했다.
Je n'ai jamais vu une personne aussi énergique.
그렇게 정력적인 사람은 못 보았다.

▷ Regarde Marie-France là-bas.
  저기 있는 마리프랑스 좀 봐.
▶ Je ne la vois pas. Où est-elle?
  난, 그 애 안 보이는데. 어디 있지?

7. voir + 의문사 + 절
          que

Je ne vois pas comment ils vont s'en sortir.
나는 그들이 무슨 수로 거기를 빠져 나올지 모르겠다.

Je vois que tout est en ordre.
정말로 모든 게 잘 정돈되어 있군요.

8. voir + SN + inf.
   　　　　　　　과거분사

   Je n'aime pas la voir pleurer.
   그 여자 우는 모습을 보고 싶지 않다.
   Je l'ai vu assise sur un banc dans le parc.
   나는 그 여자가 공원 벤치에 앉아 있는 것을 보았다.

9. regarder + 한정사 + 특정의 명사

   Je n'aime pas la télévision. Je la regarde rarement.
   나는 TV를 안 좋아해서 거의 보지 않는다.
   Quel programme tu veux regarder, ce soir?
   오늘 저녁, 어떤 프로 보고 싶니?
   Je ne regarde que le journal télévisé de 8 h.
   나는 8시 TV 뉴스밖에 보지 않는다.
   ※ 특정의 명사: télévision, programme, journal, journal télévisé, émission, vidéo 등

   비교 : Le soir du 31 décembre, presque tous les Français | × voient
   　　　　cette émission.　　　　　　　　　　　　　　　　　　| 　regardent
   　　　12월 31일 저녁, 거의 모든 프랑스인들은 이 방송 프로를 본다.
   　　　Tu as | × vu | le journal de ce matin? Il y a un article sur les
   　　　　　　| regardé |
   　　　extra-terrestres.
   　　　오늘 아침 신문 봤니? 외계인에 관한 기사가 있던데.

10. | regarder | + 한정사 + film | en vidéo |
    | voir | | à la télévision |

    ▷ Samedi prochain, on va voir «Le Grand bleu»?
    　 내주 토요일, 우리, "르 그랑 블뢰"를 보러 갈까?

▶ Ah, moi, je l'ai déjà vu en vidéo.
    난, 비디오로 벌써 봤는데.

11. voir *qn* à la télé

    Par hasard, j'ai vu Catherine Deneuve à la télé.
    우연히, 까트린 드뇌브를 TV에서 봤어.

12. voir + 한정사 + film

    Elle m'a dit qu'elle avait vu ce film à Paris il y a deux ans.
    그녀는 이 이 영화를 2 년 전에 빠리에서 보았다고 나에게 말했다.
    ▷ Tu as vu (le film) «Un homme et une femme»?
        너, "남과 여"(라는 영화) 봤니?
    ▶ Oui, il y a bien longtemps.
        응, 본 지 꽤 되었어.
    Le dernier film de Spielberg, je ne l'ai pas encore vu.
    스필버그의 최신작 말이야, 난 아직 못 보았어.
    J'ai déjà vu plusieurs de ses films.
    난, 그 사람 영화는 벌써 몇 편이나 보았어.

(13) 알고 있다

savoir/connaître

정답:
   A. savais   B. connais   C. connaît

◆ 용 법

1. savoir + 특정의 말 (+ de + SN)
                sur

   Je ne sais rien, absolument rien. 난 아무 것도, 전혀 아무 것도 몰라요.

▷ Je sais tout, Alice.
   알리스, 난, 다 알고 있다구.
▶ Mais quoi?
   뭐 알고 있는데?

Comme vous le savez, il y a de nombreux monuments préhistoriques en France.
아시다시피, 프랑스에는 선사시대 유적이 많이 있습니다.

Je ne sais qu'une chose d'elle, c'est qu'elle a vécu aux États-Unis.
내가 그 여자에 대하여 알고 있는 것은 하나 뿐이요. 그 여자, 미국에서 살았다는 거요.

※ 특정의 말 : tout, ne... rien, quelque chose, ne...pas grand-chose, le, beaucoup de choses, ce que ..., peu de choses 등

2. savoir + SN

Il ne sait pas le français. Il faut lui parler en anglais.
그 사람, 프랑스어를 몰라요. 그 사람에게는 영어로 말해야 됩니다.

Pour un Chinois, il sait bien l'orthographe.
중국 사람 치고, 그는 철자를 잘 틀리지 않는다.

Il me faut deux semaines pour savoir mon rôle par coeur.
내가 맡을 역의 대사를 외는데 2주가 필요하다.

※ 설명 : 이 경우, 배운 것 (수업 내용, 암기해야 할 것 등)을 기억으로서 남기고 있다는 느낌에 가깝다.

3. savoir que + 절

Tu savais qu'il avait tant d'argent?
그 사람이 그렇게 돈이 많다는 것을 알고 있었습니까?

Je sais que vous êtes tous bien fatigués, mais je vous demande encore quelques minutes d'attention.
여러분들이 모두다 피곤하다는 것을 잘 압니다만, 몇 분만 더 참아 주십시오.

4. savoir + SN + 형용사

   Je ne les savais pas si doués pour la musique.
   나는 그들이 그렇게 음악에 소질이 있는 줄 몰랐다.
   Je la savais menteuse mais pas à ce point.
   난, 그 여자가 거짓말쟁이라고 알고 있었긴 해도, 그 정도로 라고는 생각하지 못했다.
   ※설명: 이 표현은 약간 딱딱한 감을 주는 표현으로 여겨지고, 이 보다
   　　　　savoir que + SN + est + 형용사 쪽이, 즐겨 사용된다.

5. savoir + 의문사 + 절

   Personne ne sait quelle est sa nationalité.
   아무도 그(녀)의 국적을 모른다.
   Vous savez où il habite?
   그 사람이 어디 사는지 아십니까?

6. savoir si + 절

   Est-ce que tu sais si elle est sortie de l'hôpital?
   그녀가 퇴원했는지 아닌지 넌 알고 있니?
   On ne sait pas s'ils pourront venir (ou non) mais on les a tout de même intivtés.
   그들이 올 수 있을 지 어쩔 지 모르지만, 하여튼 그들을 초대는 했다.

7. savoir *qch* (문어적 표현)
   connaître *qch*

   Dieu dit à l'ange de Smyrne : «Je sais tes oeuvres, tes labeurs, et ta persévérance.»
   하느님이 서머나 교회의 사자에 가라사대: "너의 행적, 너의 노고, 너의 인내를 알고 있노라."
   Je connais sa conduite : elle est irréprochable.
   나의 그(녀)의 행실을 알고 있습니다. 나무랄 데가 없습니다.
   ※주의 1) savoir는 이 경우, 극히 문어적인 문장에서만 사용됨.

2) 목적보어는 추상명사에 한정.

× Je sais ta demeure.

Je sais où tu demeures.

나는 너의 주소를 알고 있다.

3) 위 첫 번째 예문을 통상의 어법으로 말하면 아래와 같이 된다.

Je sais ce que tu as fait, comme tu as travaillé et que tu as persévéré.

8. connaître *qn*

▷ Vous connaissez Monsieur François?

프랑수와씨를 알고 계십니까?

▶ Je le connais de nom, mais je ne l'ai jamais rencontré.

이름을 들어서 알고 있는데, 그 사람 한 번도 만난 본 적은 없어요.

Je ne le connais pas personnellement, mais je connais son frère.

그 사람, 개인적으로는 모르지만, 그 사람의 형 (동생)은 알아요.

Vous ne connaîtriez pas quelqu'un qui pourrait donner des leçons de mathématiques à ma fille?

우리 딸아이한테 수학 과외 할 만한 사람, 알고 계십니까?

9. connaître + 장소 명사

Il connaît bien Paris, il y a vécu pendant dix ans.

그는 빠리를 잘 알고 있다. 10년간 그 곳에서 살았다.

▷ Tu connais Singapour?

싱가포르 아니?

▶ Non, je n'y suis jamais allé.

몰라. 한번도 가 본 적이 없어.

10. connaître bien 〔mal〕 *qch*

Je connais bien les oeuvres de Simenon, je les ai toutes lues.

나는 씸므농 작품을 잘 알고 있다. 모두 다 읽어보았기 때문에.

Il connaît mal la géographie de son quartier.
그는 자기 동네의 지리를 잘 모른다.

11. connaître *qch*

Je ne connais pas du tout la nourriture vietnamienne.
나는 베트남 음식은 전혀 모른다.

(14) 오다

venir/arriver

정답:

A. venir. B. arrivés

◆ 용 법

arriver + 특정의 표현

특정의 표현 : ne ... pas encore, déjà, à peine, tôt, en retard, à l'heure, vite, presque, à la dernière minute, bientôt, tout de suite 등

Hier soir, à peine arrivée chez moi, elle a commencé à pleurer.
어제 저녁, 우리 집에 오자마자, 그녀는 울음을 터뜨렸다.

▷ Tout le monde est là?
모두 모였나?

▶ Non, les Mouret ne sont pas encore arrivés.
무레 네 사람들은 아직 안 왔어요.

Thierry ne devrait pas tarder à arriver.
띠에리가 늦게 오는 일은 없을 거야.

Il arrive toujours à la dernière minute.
그는 늘, 빠듯빠듯하게 온다.

Je n'aime pas les gens qui arrivent en retard.
나는 제 시간보다 늦게 오는 사람이 싫다.

(15) 외국어를 말하다

　　parler

정답:

　　A. en français → un français　　B. espagnol → l'espagnol

　　C. par le français → en français

◆ 용 법

1. parler (le) + 언어명

　　Vous parlez (l')italien, Monsieur?
　　이탈리아어 할 줄 아십니까?
　　Annie parle chinois avec l'accent du Foukien.
　　아니(Annie)는 福建省 말씨의 중국어를 한다.
　　Il ne parle pas (l')espagnol mais il le lit.
　　그는 스페인어를 말은 할 줄 몰라도 글은 읽을 줄 안다.
　　Quelles sont les langues que vous parlez?
　　당신이 할 줄 아는 언어는 어떤 말입니까?

2. parler + 한정사 + 언어명

　　Elle parle un anglais châtié.
　　그녀는 고급스러운 영어를 구사합니다.
　　C'est vrai qu'au Québec on parle le français du dix-septième siècle?
　　퀘벡에서는 17세기 프랑스어를 사용한다는 게 사실입니까?

3. 특정의 동사 + en + 언어명

　　Monsieur, parlez en fraçais, s'il vous plaît.
　　선생님, 프랑스어로 말씀해 주세요.
　　Parle-lui en anglais, c'est la seule langue qu'il connaisse.
　　그 사람에게는 영어로 말해. 영어밖에 모르니까.

Vous vous êtes parlé en quelle langue?

여러분들은 서로 어느 나라말로 이야기했습니까?

※특정의 동사 : parler, répéter, s'exprimer, poser des questions, 등

4. 특정의 동사 + le + 언어명

J'écris l'espagnol, mais je ne le parle pas.

나는 스페인어로 글을 쓸 줄 알지만, 말은 못한다.

Au lycée, j'ai étudié l'allemand comme deuxième langue étrangère.

고등학교에서, 나는 독일어를 제2외국어로 배웠다.

Mademoiselle Arnold comprend le français, n'est-ce pas?

미스 아르놀드는 프랑스어를 알고 있지요?

※특정의 동사 : écrire, étudier, comprendre, apprendre, enseigner등등

(16) 이기다

battre/gagner

정답:

    A gagné B. battu C. gagné

◆ 용 법

1. battre + SN (사람, 팀) [+ à + SN (운동 경기, 놀이 이름)]

Franchement, je ne crois pas qu'il soit capable de te battre aux échecs.

솔직히 말해서, 체스에서 그 사람이 자네를 이길 수 있을 것이라고는 생각하지 않아.

2. gagner [+ à + SN (운동 경기, 놀이 이름)]

Si tu gagnes, je te paie un verre.

만일 네가 이기면, 내가 한 잔 사지.

Quand je joue contre Paul au bowling, je ne gagne jamais.

볼링에서 뽈과 붙으면, 내가 이기는 법이 없다.

※주의: battre와는 달리, gagner는 상대 선수를 직접 목적어로 취하지 않음.

3. gagner + 한정사 + 특정의 명사

Dominique a perdu le premier match, mais il a gagné les deux suivants.

도미니끄는 첫 시합은 졌지만, 다음 두 시합은 이겼다.

※특정의 명사: match, tournoi, partie, manche, set 등등

---

(17) 재미나게 놀다

bien s'amuser/ passer un bon moment

정답:

A. eu un bon temps → passé un bon moment 또는 eu du bon temps

B. 잘못된 곳 없음. C. 잘못된 곳 없음 D. a bien joué → s'est bien amusée

◆ 용 법

1. bien s'amuser

Bonne soirée! Amuse-toi bien!

또 봐. 재미나게 놀아.

Hier soir, je pensais bien m'amuser, mais je me suis énormément ennuyée.

어제 밤, 즐거운 시간을 보낼 거라고 잔뜩 기대를 했지만, 정말로 아주 지루했다.

※주의 : "놀다"라는 의미로서, jouer를 단독으로 사용하는 것은 어린이의 경우에 한함.

어린애들이 길에서 놀고 있다.

Les enfants s'amusent dans la rue.

Les enfants jouent dans la rue.

Mes parents se sont bien amusés à la fête.

× Mes parents ont bien joué à la fête.

2. passer un bon moment

   passer un moment agréable

   avoir du bon temps (회화)

   se donner du bon temps

   se payer du bon temps

   L'autre jour, en ramant sur le lac, j'ai passé un bon moment.
   며칠 전, 호수에서 보트를 저으면서 즐거운 시간을 보냈다.
   Jeanne a passé des moments agréables en Suisse.
   쟌느는 스위스에서 즐거운 시간을 보냈다.
   ※주의 : avoir un bon temps이라고는 하지 않음.
   　　　그러나, passer un bon week-end /une bonne journée/ de bonnes vacances 는 가능.

(18) 정하다, 결정하다

　　décider/fixer

정답:

　　A. à → de　B. décider → se décider　C. décidé → fixé

　　D. décidera → décidera de

　　E. fixé sur ce voyage → décidé à faire ce voyage

◆ 용 법

1. décider

   Dans ma famille, quand on a une décision difficile à prendre,
   c'est toujours mon père qui décide.
   우리 집에서는 어려운 결정을 해야 할 때에는 언제나 아버지가 결정한다.
   Je pense aller en France l'an prochain, mais je n'ai pas encore décidé.
   내년에 프랑스에 갈 생각이지만, 아직 결정을 내리지는 않았다.

2. décider + 한정사 + 특정의 명사

　　▷ Alors, c'est vrai? Tu te maries?
　　　그래, 정말이야. 너, 결혼해?
　　▶ Ben oui, il ne reste plus qu'à décider la date.
　　　그래. 날 잡는 일만 남았어.

　Choisissez d'abord le modèle. Vous déciderez la couleur ensuite.
　우선, 모델을 선택하시고 다음에 색을 정하세요.
　　※특정의 명사 : date, couleur, modèle, voyage, heure 등.

3. décider de + 정관사 + 특정의 명사 + de + | 명사
　　　　　　　　　　　　　　　　　　　　| SN

　Les syndicats décident des conditions de travail.
　노조에서 근로 조건을 결정한다.
　Les parents ne devraient pas décider de l'avenir de leurs enfants.
　부모가 자식의 장래를 결정해서는 안되겠지요.
　C'est le médecin qui décide de la nécessité d'une opération.
　수술이 필요한지 아닌지를 결정하는 것은 의사이다.
　　※특정의 명사: conditions, avenir, nécessité, peine, importance, urgence 등

4. 인물 주어 + décider　qn + à + inf.
　Ses parents l'ont décidé à entrer à la Banque de France.
　그의 부모가, 그로 하여금 프랑스은행에 입사하는 결정을 하게 했다.

5. 인물 주어 + être décidé à + inf.
　　Jeanne est bien décidée à réussir dans la vie.
　　쟌느는 출세하리라고 마음을 단단히 먹고 있다.
　　Elle partira au Canada, elle y est bien décidée.
　　그녀는 캐나다로 떠날 것이다. 이에 대한 그녀의 결심은 단호하다.

6. décidé

   On va déménager dans un mois, ça y est, c'est décidé.
   한 달 후에 이사할 거야. 잘 되었어. 결정된 거야.
   Nous avons beaucoup discuté mais rien n'a encore été décidé.
   우리들은 여러 가지로 많이 상의하였지만, 결정된 것이 아무 것도 없다.

7. décider de + inf.

   Décider de s'exiler, c'est une décision difficile à prendre.
   망명을 결심하는 것은 하기 어려운 결심이다.
   Mes parents ont décidé d'aller vivre à la campagne.
   나의 부모님은 시골에 가서 살기로 결심하셨다.
   Pour le bicentenaire de la Révolution, la France a décidé de faire une grande fête.
   프랑스 대혁명 2백주년을 기념하기 위하여, 프랑스는 대대적인 축제를 하기로 했다.

8. décider que + 절(직설법)

   Sa famille a décidé qu'il ne fallait pas lui dire que son cancer était incurable.
   그의 가족들은 그가 앓고 있는 암이 불치의 병이라는 말을 그에게 해서는 안 된다고 정했다.
   Si on décide qu'on peut faire quelque chose, en général, on peut.
   무엇인가 할 수 있다고 마음을 먹으면, 대개, 그 일은 할 수 있는 일이다.

9. décider + 의문사 + 절

   Je n'ai pas encore décidé quand je partirai pour l'Europe.
   나는 언제 유럽으로 떠날 지 아직 결정하지 않았다.
   Tu as décidé dans quelle université tu veux aller?
   무슨 대학에 가고 싶은지 결정했니?

10. se décider

   Après dix ans à l'étranger, il pense à retourner dans son pays natal, mais il n'arrive pas à se décider.
   외국에서 10년을 보낸 지금, 그는 고국으로 돌아갈 생각은 하고 있으나 결심이 되지 않는다.

11. se décider à + inf.

   Après avoir longuement hésité, je me suis enfin décidée à chercher un autre travail.
   오랫동안 망설인 끝에, 드디어 나는 다른 일자리를 찾아보기로 결심을 했다.
   Il a mis trois ans à se décider à demander le divorce.
   이혼 이야기를 끄집어내기로 작정하는데 그는 3년이 걸렸다.
   ※주의: décider de + inf.는 비교적 빨리 내리는 결단임에 대하여, se décider à + inf. 는 결정까지 이르는데 상당한 시간이 요하는 경우를 가리키는 경우에 사용함.

12. fixer + 한정사 + 특정의 명사 (à + SN)

   Le dentiste a fixé mon prochain rendez-vous au 19.
   치과 의사는 나의 다음 진료 예정을 19일로 잡아 주었다.
   Le gouvernment a fixé la nouvelle taxe à 5 %.
   정부는 신규세를 5%로 정했다.
   ※특정의 명사: heure, date, réunion, horaire, détail, taxe, montant, rendez-vous 등

   비교: Ils ont décidé de se marier et ils ont fixé la date de leur mariage au 10 mai.
   그들은 결혼하기로 결정하고, 결혼 날짜를 5월 10일로 정했다.

13. 한정사 + 특정의 명사 + être fixé

   L'heure du départ n'est pas encore fixée.
   출발 시각이 아직 정해지지 않았다.

비교 : La visite du Président de la République au Maroc a été décidée, mais les détails n'ont pas encore été fixés.
(프랑스)대통령의 모로코 방문은 결정되었지만, 상세한 내용은 아직 정해지지 않았다.

(19) 찾다, 구하다

chercher/trouver

정답:

A. trouve → cherche   B. cherchée → trouvée

◆ 용법

1. chercher + SN

Je cherche un professeur d'anglais pour ma fille.
딸 아이 가르칠 영어 선생을 찾고 있다.

Ah! te voilà! Je te cherche depuis une demi-heure!
너, 너 여기 있구나. 30 분전부터 널 찾고 있었다.

Eh bien, si cette proposition ne lui convient pas, nous chercherons autre chose.
좋아요. 이 제안이 그 사람 마음에 안 들면, 다른 것 생각해 보기로 하지요.

2. ne pas pouvoir trouver + SN

▷ Il n'y avait pas moins de 15 000 personnes au Salon de l'Automobile.
자동차 전시장에 만 5천 이상 되는 사람되어 모였어.

▶ C'est pour ça que je n'ai pas pu te trouver.
그래서, 내가 너를 찾을 수가 없었어.

Je ne peux pas trouver ma clé. Où est-ce que j'ai bien pu la mettre?
열쇠를 찾을 수가 없다. 내가 도대체 어디에 두었을까?

3. trouver + SN

   Maman, où est mon parapluie? Je ne le trouve pas.
   엄마, 내 우산 어디 갔어. 우산이 안 보여.
   Ça prend beaucoup de temps pour trouver un logement convenable et pas cher à Paris.
   빠리에서 비싸지 않고 괜찮은 숙소를 구하는 데는 시간이 많이 걸린다.
   Dans l'informatique, un jeune homme trouve facilement du travail.
   컴퓨터 관련 업종에서는 젊은 사람은 쉽게 일을 구한다.
   Je lui ai trouvé un petit job à temps partiel.
   나는 그(녀)에게 알바 자리를 구해 주었다.

   비교 :

   1) Ça fait six mois qu'elle est au chômage : elle cherche un emploi, mais elle n'a rien trouvé.
      6개월 째, 그녀는 실업자다. 일자리를 구하고 있지만 아무런 일자리를 찾지 못했다.
   2) Je t'ai cherchée près de la statue de Danton, mais je ne t'ai pas trouvée.
      당똥 동상 근처에서 너를 찾아보았는데, 보지 못했어.
   3) Regarde! J'ai trouvé le bouquin que je cherchais!
      저 봐. 내가 그 동안 찾고 있던 책을 이제 찾았다.
   4) À toujours chercher la vérité, on finit par la trouver.
      꾸준히 진리를 찾다 보면, 결국 찾게 되는 법이다.

4. retrouver + SN

   J'ai perdu mon porte-monnaie et je ne l'ai pas retrouvé.
   나는 지갑을 잃어 버렸는데 도로 찾지 못했다.
   On n'a pas pu retrouver le voleur.
   그 도둑을 다시 찾을 수가 없었다.
   J'ai retrouvé cette photo parmi mes notes de lycée.
   고등학교 성적표 사이 속에서 이 사진이 나왔다.
   On a retrouvé la voiture à 10 km de l'endroit où elle avait été volée.
   자동차는 도난 당한 장소에서 10 킬로 지점에서 발견되었다.

5. 인물 주어 + se retrouver

Le frère et la soeur se sont retrouvés après quarante ans.

40년이 지나서, 남매는 재회했다.

▷ On se retrouve où et à quelle heure?

언제, 어디서 만날까?

▶ À 6 heures, devant la gare. Ça te va?

6시에, 역 앞에서. 어때?

(20) 오다, 가다의 뜻으로 다 쓰일 수 있는 Venir

정답:

A: Allons → Venez

누군가 함께 어디에 가고 싶을 때

"Va au café avec moi", "Allons au café avec moi",

"Allez au café avec moi"라고 말하지 않음.

B. 틀린 곳이 없음.

C. 틀린 곳이 없음.

◆ 용 법

프랑스어 회화 교재에서, 흔히 볼 수 있는 문장 «Tu viens avec moi?»를 "너는 나와 같이 오는 거지?"로 태연히 한국어로 번역하는 학생들을 종종 볼 수 있다. 위의 한국어 문장은 한국어의 어법 상, 아주 이상한 문장이다. 이 말이 이해가 잘 안 되는 사람을 위해서, 우선, 프랑스어 동사 entrer가 한국어에서 어떻게 나타나는가 살펴보자.

프랑스어 동사 entrer는, 말하는 사람의 위치와는 관계없이, 어떤 사람, 사물이 외부에서 내부로 진입하는 행동하는 행위를 가리킨다. 그러나, 한국어에서는, 내부로의 진입을 가리키는 동사 "들다"와 이동하는 사람 또는 사물이 말하는 사람과 어떤 위치관계에 있나를 말해 주는 동사, "오다/가다"중 하나가 이와 결합한다.

어떤 사람이 공간 외부에서 공간 내부로 진입하는 행위가 있다고 가정하고, 내가 그 사람에게 그 행위 실현을 명령하는 말을 할 때, 내가 공간 안에 있을 때는 "들어와"라고 말하는 반면, 내가 공간 밖에 있을 때는 "들어가"라고 말한다. 이 경우, 프랑스어로는 말하는 사람이 어디에 위치하는 가에 무관하게 두 경우 모두 다, «Entre!»라고 말한다.

Venir동사 문제에서도, 말하는 사람과 이동하는 물체간에 위치 설정문제가 핵심이다. venir 동사의 첫 번째 뜻이 "어떤 사람 또는 사물이, 말하는 사람이 실제로 있는 지점, 또는 *말하는 사람이 자기가 있다고 생각으로 설정하는 지점*으로 이동하는 행위"이다. 여기서 우리가 주목해야 하는 점은 venir동사의 의미 설명 중, 굵게 이탤릭체로 표시한 부분이다.

Viens avec moi! 라고 말할 때, 말하는 사람은 명령을 받는 사람이 가야 할 곳을 이미 설정해 놓고 있는 상태이다. 이런 경우에 aller 동사의 명령형을 쓸 수가 없다.
그리하여,

| viens | avec | moi | (명령문) |
| venez | | nous | |

와 같은 문장형식을 취한다.

"우리와 함께, 또는 나와 함께 간다"는 뜻으로는 aller동사가 아니고 venir동사로만 써야 한다는 것은 아니다. 주어가 나타나는 문장에서는 aller, venir가 다 쓰일 수 있다. 이 경우, 한국어로는 똑 같이 "가다"로만 번역되지만 프랑스어에서는 말하는 위치 선정이 다른 것이다.

Dis donc, tu | n'irais | pas au cinéma avec moi?
             | ne viendrais |

아니, 나하고 같이 영화관에 안 간다고?

Samedi prochain, ils ont l'intention de nous inviter à une soirée.
Vous | y allez | avec nous?
     | venez |

다음 토요일에 그들이 우리들을 초대하고 싶다는데, 같이 가시겠습니까?

| N'iriez-vous | pas avec nous voir l'exposition de Chagall?
| Ne viendrez-vous |

샤갈 전시회 같이 보러 가지 않겠습니까?

◆ 저자약력

구기헌
서울대학교 불어불문학과 졸업
서울대학교 대학원 문학박사
현 상명대학교 프랑스어문학과 교수

이병욱
서울대학교 불어불문학과 졸업
파리 V대학교 대학원 언어학박사
현 상명대학교 프랑스어문학과 겸임교수

프랑스어 작문(하)

초판인쇄 2005년 8월 16일
초판발행 2005년 8월 27일

저　자·구기헌·이병욱
발 행 처·(주)제이앤씨

주소·서울 도봉구 쌍문동 358-4 성주B/D 6F
TEL 02)992-3253·FAX 02)991-1285
등록번호·제7-220호

jncbook@hanmail.net · http://www.jncbook.co.kr

ISBN 89-5668-249-6 03760

ⓒ 구기헌·이병욱 2005 Printed in Seoul Korea

정가 8,500원

**저자 및 출판사의 허락없이 이 책의 일부 또는 전부를 무단복제·전재·발췌할 수 없습니다.

**이 저서는 2004년도 상명대학교 어문학연구소 지원으로 발간되었음.